Oder anders gefragt...

Ein philosophisches Arbeitsbuch von Schülern für Schüler

AF211203

Benjamin Breitenstein (Jonas Rattle, Vor- & Nachwort)
Constantin Gresens (Matthias Liszt, Ida Rasmussen)
Vanessa Guhr (Alexej Stanislovic, Geschichte,
Infobox Nietzsche & Schopenhauer)
Carolin Knese (Jonas Rattle, Vor- & Nachwort, Infobox Kant)
Katja Rose (Infobox Voltaire & Leibniz)
Matthias Tögel (Émanuel Pirisme, Infobox Hegel & Kierkegaard)
Christian Wolf (Alexej Stanislovic, Geschichte,
Infobox Nietzsche & Schopenhauer)

ISBN 9783837026818

Dieses Buch erschien 2008 unter dem Titel
Oder anders gefragt – Ein philosophisches Arbeitsbuch von Schülern für Schüler

Herstellung und Verlag:
Books on Demand GmbH, Norderstedt

Inhaltsverzeichnis

Vorwort

Auf der Grundlage eines Schulprojektes zur neuzeitlichen Philosophie haben wir, die Abiturienten des Gymnasium Schwarzenbek und gleichzeitige Verfasser, das Werk „Oder anders gefragt", das zunächst als Einführungswerk in die Philosophie dienen soll, erstellt und veröffentlicht, um eine moderne Darstellung der neuzeitlichen Philosophie zu versuchen.

Im Mittelpunkt steht eine auf vier Abschnitte angelegte Rahmengeschichte, wobei in jedem dieser Abschnitte eines der Lehrplanthemen des Landes Schleswig-Holstein thematisiert wird, die da wären: Erkenntnistheorie, Metaphysik, Anthropologie und Ethik. Jeweils eine Problemstellung zu jedem der vier Teile der Geschichten soll die Brücke zu darauffolgenden Essays bilden.

Die Verfasser haben sich auf die zusätzlichen fünf Grundströmungen Materialismus, Existentialismus, Empirismus, Idealismus, sowie Rationalismus geeinigt. Auf Grundlage dieser philosophischen Strömungen wurde zu jedem Thema ein Essay verfasst. Diese sollen jedoch nicht aus der Position eines bekannten bzw. reellen Philosophen, sondern aus der Sicht eines imaginären Autors dargestellt werden, der jeweils eine philosophische Strömung auf das vorliegende Problem anwendet. Die sich mit der Thematik auseinandersetzenden Aufgaben haben zum Einen das Ziel, dass Schüler sich näher und detailliert, zeitweise auch kritisch mit der Thematik, nach dem Anforderungsbereich des Bildungssystems (Reproduktion, Anwendung,...) auseinandersetzen, zum Anderen können sie auch weitere Leser zum Nachdenken animieren.

Um leichter in die Tiefen der Philosophie eintreten zu können und um Zusammenhänge leichter zu erkennen, wurden für die Vertreter der Grundströme verschiedene Pseudonyme verwandt, die ihre Zugehörigkeit zu bestimmten Denkrichtungen leichter erkennbar machen. Das bedeutet also, dass die Autoren der Essays nicht real existieren, ihre Namen geben lediglich eine Hilfe zur Entschlüsselung der Texte, wenn dies nicht schon durch die inhaltlichen Hinweise und Weltanschauungen gelingt.

Den Lesern bietet sich außerdem die Möglichkeit bedeutende Philosophen der Neuzeit in Form von Infoboxen und kritischen Zitaten kennen zu lernen.

Wir haben beschlossen, dieses Werk zu veröffentlichen, um den trockenen Ruf der Philosophie zu entstauben, sie in vollem Glanze neu erblühen zu lassen und - wenn möglich - sogar Lust auf mehr zu machen.

Wir hoffen, dass uns dieses Vorhaben geglückt ist und wünschen Ihnen nun viel Spaß.

Erkenntnistheorie

Samstagabend in einer Kneipe: Bob und Jessy saßen an der Bar und hatten soeben ihren ersten Schluck Bier getrunken, als Bob in Richtung Tür verwies:
„Wilbur ist da", sagte er und winkte, damit dieser sie finden konnte.
Leicht durchnässt trottete Wilbur zu den beiden hinüber, zog seine Jacke aus und legte sie über einen Barhocker.
„Tut mir leid", sagte er „Ich hab den Bus verpasst und bevor ich noch länger im Regen gestanden hätte, bin ich lieber gelaufen."
„Wie wäre es dann mit einer Partie Billard", fragte Jessy „damit du erst einmal wieder trocknest?"
Noch bevor sich Wilbur äußern konnte, war Jessy schon aufgesprungen und zum Kellner geeilt, um nach zwei Queues und der weißen Kugel zu fragen.
Während Jessy und Wilbur das Spiel eröffneten, zog Bob seinen Barhocker neben den Billardtisch und kommentierte eifrig das Geschehen:
„Ach, Jessy, die Kugel hättest du aber versenken müssen", sagte er und nahm ein Schluck Bier, nachdem Jessy eine Kugel, die direkt vor der seitlichen Tasche lag, knapp verfehlt hatte.
Wilbur war an der Reihe. Er zielte auf Kugel Nummer sieben am anderen Ende des Tisches, die er nur leicht zu touchieren brauchte, um sie in der Ecktasche zu versenken. Mit größter Sorgfalt und Präzision schwang er den Queue und stieß die weiße Kugel an. Rapide rollte diese auf die sieben zu, kam aber gar nicht mehr dazu, diese zu treffen, da Bob die weiße Kugel mit seiner Hand aufhielt. Wilbur und Jessy guckten ihn entsetzt an.
„Was denn?", sagte er achselzuckend „Hat man doch sowieso erkannt, dass die getroffen hätte."

Problemstellung:

Was verleitet Bob zu dieser Annahme?
Oder anders gefragt: Warum ist es nicht genau so wahrscheinlich, dass eine Blume oder ein Pottwal entsteht, als dass die Kugeln zusammenstoßen

Ida Rasmussen:
Die eigentliche philosophische Problemstellung, welche hinter dieser Frage steht, ist die des menschlichen Wahrnehmens oder ferner des menschlichen Erkennens. Somit sollte zuerst die Art und Weise der menschlichen Wahrnehmung geklärt werden, bevor wir uns den Vorgängen innerhalb dieser Wahrnehmung (Zusammenprall der Kugeln) widmen.
Viele Philosophen beantworten diese Frage mit einem Dualismus, welcher für die meisten dieser Denker im Groben so aussieht: Alles, was wir sehen, sind Empfindungen von Erscheinungen von Dingen an sich. Wie die Dinge an sich geartet sind, ist dem Menschen unbekannt. So unterteilt hier der Philosoph die Welt der Menschen in zwei Ebenen: die Wahrnehmungsebene und die Außenwelt, in welcher sich die Dinge an sich befinden. Wie diese Außenwelt aussieht (zum Beispiel ob drei-, vier oder zwölf dimensional), weiß der Mensch nicht, da sich alles, was er sieht nach seinem dreidimensionalen, euklidischen Wahrnehmungsvermögen richtet.
Dies ist - zugegebenermaßen als sehr grobe Übersicht - die Crux vieler philosophischer Ausführungen über das menschliche Erkennen, nämlich oben erklärter Dualismus zwischen Wahrnehmungsebene und Außenwelt.
Doch warum, frage ich nun die Vertreter diese Dualismus, so inkonsequent? Welchen Grund gibt es, anzunehmen, dass es hinter unseren Wahrnehmungen etwas Materielles geben *muss*, welches eben diese Wahrnehmungen auslöst? Schließlich ist alles, was wir erfahren, Wahrnehmung. Ob die Härte eines Tisches, das Blau des Himmels oder das Aussehen eines Baumes, alles sind Wahrnehmungen, *Ideen* im menschlichen Geiste. Ebenso wie hinter den Wesen oder Gegenständen, die uns im Traum begegnen, kein materielles Ding an sich steht, welches die Wahrnehmung dieser Gegenstände im Traum hervorruft, steht auch hinter unseren Wahrnehmungen im

Wachzustand keine materielle Außenwelt. Diese ist lediglich ein Verlegenheitsgespinst vieler Menschen (und Philosophen) zur Vereinfachung ihrer Weltanschauung. Es gibt keinen vernünftigen Grund diese Außenebene anzunehmen, unsere Träume zeigen es uns. Natürlich ist es einfacher, sich eine materielle Außenwelt vorzustellen, welche unsere Wahrnehmungen auslöst, jedoch ist Einfachheit nicht das Maß für Richtigkeit oder Vernünftigkeit einer Weltanschauung.

Wir haben uns nun also von dem Dualismus von Wahrnehmungs- und Außenwelt weg, hin zu einem Monismus der Wahrnehmung, der Ideen im menschlichen Geiste gewandt. Alles ist Idee. Was bedeutet nun diese Erkenntnis für unsere Existenz? Was ist das notwendige Kriterium für das Existieren, das Sein von Dingen, wenn alles Ideen sind, wenn es keine Außenwelt gibt?

Diese Frage führt zu einer neuen, für viele Menschen sicherlich absurd wirkenden, jedoch richtigen Erkenntnis: Esse est percipi - Sein ist Wahrgenommen werden. Nur Dinge, die von einem Bewusstsein, einem bewussten Geist wahrgenommen werden, werden schließlich zur Idee und nur Ideen existieren. Da es keine Außenwelt gibt, in welcher man ohne Wahrgenommenwerden weiter existieren könnte, gibt es auch keine Existenz ohne Wahrgenommenwerden.

Diese Weltanschauung mag radikal dünken, jedoch ist sie nichts weiter als logisch und konsequent gedacht. Es ist nicht an den Monisten, sondern an den Dualisten, ihr Weltbild vernünftig zu verifizieren, da der Dualismus auf einer Unlogik (auf dem freien Dazudichten einer Außenwelt zu der Wahrnehmungsebene) und der Monismus auf der Logik basiert.

Nun ergibt sich jedoch ein Problem für uns Monisten, welches ich mit einem Gedankenexperiment, angelehnt an die Geschichte unserer drei Freunde in der Bar, darstellen möchte: Man stelle sich vor, dass Wilbur die Kugel stößt und diese daraufhin auf eine andere zurollt. Nun verlassen unsere drei Freunde - und auch alle anderen bewussten, zum Wahrnehmen fähigen Wesen - während die Kugel rollt die Bar, sodass innerhalb der Bar ein nicht wahrgenommener Raum entsteht. Da Sein gleich Wahrgenommenwerden ist, hört ab diesem Moment alles in dem besagten Raum, also in der Bar, auf zu existieren (genauso wie auch alles in unseren Träumen zu existieren aufhört, sobald wir es nicht mehr wahrnehmen). So auch unsere Billardkugel samt Tisch und Queues. Was träfen wir nun bei unserer Rückkehr in die Bar an? Hörten all die Dinge innerhalb der Bar tatsächlich auf zu existieren, müssten wir - ganz ähnlich wie in unseren Träumen - neue Existenzen antreffen, welche willkürlicher Art sind. Dies könnte somit ein Pottwal, ein Blumentopf oder auch ein ganzer Planet sein. Vielleicht entstünde auch ein leerer Raum, der sich nur füllt, wenn man wahrgenommene Gegenstände in ihn bringt. Dass wir wieder auf unseren Billardtisch und die dazugehörigen Kugeln treffen, ist auf Grund der praktisch unendlichen Zahl an anderen Gegenständen, welche ebenso wahrscheinlich entstehen könnten, nicht anzunehmen.

Dieses Phänomen ist allerdings in der Praxis nicht feststellbar, obwohl es sicherlich oft genug geschieht, dass Räume in unserer Welt zu bestimmten Zeiten von keinem Geist wahrgenommen werden. Trotzdem ist dort, nachdem man sich wieder diesen Räumen zugewendet hat, wieder alles beim Alten. Dies ist ein grundlegender Widerspruch mit unserem doch erst gerade eben verkündetem monistischen Weltbild. Ist es letztendlich doch nichts weiter als ein Hirngespinst gelangweilter alter Männer oder - wie in meinem Fall - alter Frauen?

Keineswegs. Vielmehr eröffnet sich durch dieses Gedankenexperiment dem Menschen eine grandiose Erkenntnis. Damit keine wahrnehmungs- und somit existenzfreien Räume entstehen können, muss es eine Instanz geben, welche ständig alles wahrnimmt. Es muss ein Überwesen, einen Übergeist geben, in welchem unsere Welt aufgeht, und welcher diese begrenzt. So ähnlich wie wir die Welt unserer Träume durch unseren Geist begrenzen und den Figuren in unseren Träumen ein Spielfeld liefern, ist uns der Übergeist unser Weltbegrenzer und -geber. Er nimmt ständig alles wahr, sodass auch Gegenstände (und vielleicht sogar Lebewesen), welche sich selbst nicht wahrnehmen können, also kein Selbstbewusstsein haben, immer existieren. Dieser Übergeist mag wie auch immer geartet sein, man kann ihn nicht leugnen, wenn man erst erkannt hat, dass der Schluss auf eine Außenwelt für unsere Wahrnehmungswelt höchst unvernünftig, wenn nicht sogar illegitim ist.

Somit gelten für unsere Welt willkürliche, vom Übergeist abhängige Gesetze (so wie wir auch unseren Träumen Gesetze geben), nach denen sich die Prozesse in der Wahrnehmungswelt, und somit auch der Zusammenprall unserer Billardkugeln, richten und denen sie notwendigerweise unterworfen sind. Ob es (dem Übergeist) möglich ist, diese Gesetze zu ändern - ob bewusst oder unbewusst - ist für den Menschen nicht erfahrbar. Falls diese Gesetze unveränderlich sind, dann gelten für alles und für immer die Gesetze der Naturwissenschaft, dann könnte Bob mit Fug und Recht behaupten, dass die Kugel „eh reingegangen wär'". Falls diese Gesetze veränderlich sind, ist dies keineswegs anzunehmen. Dann nämlich ist für jedes Ereignis jeder denkbare (und vielleicht sogar undenkbare) Ausgang gleich wahrscheinlich, denn jederzeit könnten sich die „Spielregeln" in der Wahrnehmungswelt, welche im Übergeist beziehungsweise Überwesen aufgeht, von einem Moment auf den anderen ändern.

Da diese Veränderlichkeit der ereignisbestimmenden Gesetze für den Menschen nicht erkennbar ist, liegt es außerhalb der menschlichen Fähigkeiten, die Frage danach zu beantworten.

Somit ist auch nicht entscheidbar, was bei dem Zusammenprall der Kugeln geschehen wird; wir können Bob weder zustimmen noch widersprechen.

Matthias Liszt:
Die philosophische Problemstellung, die hinter Bobs Äußerung steht, ist die der Ursache-Wirkungs-Relation. Einige - wenn sie mich fragen, viel zu viele - durchaus kluge Köpfe (sie behaupten von sich selbst, Philosophen zu sein), behaupten nämlich, dass genau diese Kausalität fehlerhaft sei. Sie vertreten die Ansicht, dass aus gleichen ursächlichen Umständen nicht zwangsweise immer dieselbe Wirkung hervorgehen muss. Der gesunde Menschenverstand geht nämlich davon aus, dass bei vorgegebenem (oder in diesem Fall absehbarem) Zusammenprall der Billardkugeln, selbige in dem zu erwartenden Winkel und der zu erwartenden Geschwindigkeit weiterrollen. Jedoch ist es für diese Synapsenverknoter gleich wahrscheinlich, dass bei dem angesprochenen Zusammenstoß der Kugeln ein Blümchen entsteht (Lachen Sie ruhig, ich kann es mir auch nicht verkneifen)! Es wird behauptet, dass wir die Annahme, dass sich die Kugeln so bewegen werden, wie sie letztendlich rollen, nur machen, da sie auf unserer Erfahrung beruht. Wir gehen fälschlicherweise von einer Uniformität der Zeit aus, soll heißen, wir behaupten, dass die Zukunft der Vergangenheit ähnelt.

Dieser Schluss ist jedoch alles andere als fehlerhaft, wie behauptet wird, sondern logisch und evident. Diese Billardkugeln bestehen - wie alles andere Existierende auch - aus Materie. Diese Materie äußert sich in Form von Molekülen, Atomen, Elektronen, Protonen, Quarks und wahrscheinlich noch in einer Vielzahl von weiteren Kleinstteilchen oder -quanten, welche alle den Gesetzen der Physik entsprechen - auch wenn einige dieser Gesetze noch nicht entdeckt oder zur Gänze erklärt wurden. So sind alle Vorgänge, die in diesem unseren Universum ablaufen, physikalische Prozesse, und somit mathematisch berechenbar (für den hier angesprochenen Bereich des Makrokosmos kann man diese Pauschalisierung durchführen, da die Heisenbergsche Unschärfe nicht beobachtbar ist). Mathematisch berechenbar bedeutet wiederum auch vorhersehbar, sofern man alle Parameter der Rechnung richtig in Verbindung bringt und ausrechnet. In unserem banalen Falle ist dies mehr als einfach: Die Masse der Kugeln, der Winkel ihres Aufpralls, die Geschwindigkeit der heran rollenden Kugel und die Reibungskraft zwischen Kugel und Filz ist alles, was wir benötigen, um auszurechen, was mit den Kugeln nach dem Zusammenstoß passieren wird. Wilbur muss noch nicht einmal die Kugel stoßen, sondern nur den Winkel andeuten und die Wucht angeben, mit der er zustoßen wird, trotzdem wird Bob genau wissen können, wo alle involvierten Kugeln landen - sonst würde das Billardspiel überhaupt nicht funktionieren und auf purem Zufall basieren. Diese Auffassung ist nicht nur realitätsfern, sondern auch noch falsch.

Um von unseren Kugeln zu einer allgemeineren Ebene zu gelangen, kann man nun folgenden Schluss für die Ursache-Wirkungs-Kausalität ziehen:

Alles, was existiert, besteht aus Materie. Materie ist eine physikalische Größe und gehorcht demnach den mathematischen Regeln und Gesetzmäßigkeiten der Physik. Alle auf Materie basierende Vorgänge (also alles) lassen sich demnach in physikalische Gleichungen mathematisieren, welche uns den Ausgang des praktischen Vorgangs theoretisch vorausberechnen lassen; sie stellen also ein genaues theoretisches Abbild der Natur dar. Angesprochene Gleichungen liefern, wenn man stets die gleichen Werte für die einzelnen Parameter einsetzt, immer gleiche Ergebnisse. Somit gilt für die Praxis, dass gleiche Ursachen (Werte für die Parameter der Gleichung) stets die gleiche Wirkung (Lösung der Gleichung) liefern werden.

Bobs Äußerung ist also nicht fehlerhaft, sondern durchaus berechtigt, sogar zwingend. Abschließend sei für die Botaniker unter den Philosophen gesagt: Euer Blümchen entsteht nur dann, wenn ihr es pflanzt, und nicht beim Billardspielen!

Émanuel Pirisme:

Weshalb geht Bob davon aus, Aussagen über das Verhalten der Billardkugel treffen zu können, die von Wilbur noch gar nicht zu Ende gespielt wurde? Auf welche Annahmen stützt er seine Vorhersage? Was kann er zu dem Zeitpunkt überhaupt – strenggenommen – wissen?

Was setzt er unbewusst voraus? All diese Fragen wird der seichte Geist verständnislos als überflüssiges Geschwätz abtun und sich praktischen, sinnvolleren Tätigkeiten zuwenden. Trotzdem legt auch der seichte Geist –vor allem dieser – größten Wert darauf, als vernünftiger Kopf zu gelten. Die Vernunft lässt sich nicht von unreflektierten Begierden und Wünschen leiten, sondern vermag für jedes Tun rationale, das heißt hinreichende Gründe anzugeben. Nun mag der Unbedarfte einwenden, dass er es durchaus einsehe, vor der Eröffnung eines Geschäftes etwa alle Belange äußerst genau zu hinterfragen und wieder und wieder zu prüfen, jedoch warum sollte er sich über die von jedem Kind antizipierte Bewegung einer Billardkugel den Kopf zerbrechen? Ihm sei gesagt, dass es bei vorliegendem Problem um weitaus Ernsteres und Wichtigeres geht als darum, ein Haus zu bauen oder ein Geschäft abzuschließen. Die notwendige Voraussetzung einer Vorhersage der Bahn der Billardkugel, die hier zu bedenken ist, ist die elementare und universelle, dass gleiche Ursachen stets die nämlichen Wirkungen zeitigen. Ist diese Bedingung rational zu rechtfertigen, das heißt kann er Gründe nennen, woraufhin er sie als gegeben annimmt, oder begeht der Mensch, der sich ja in jedem Moment blind darauf verlässt, dass sie gilt, eine grobe und - für sich „vernünftig" nennende Wesen – beschämende Fahrlässigkeit?

Die keine Ausnahme kennenden Gesetze der Physik beschreiben das Verhalten einer angestoßenen Kugel. Durch sie lässt sich im Voraus berechnen, was notwendigerweise geschehen werde. Wer so spräche, bewiese, dass er die

Grundsätzlichkeit des Problems der Kausalität nicht annähernd erfasst hat, denn die Gesetzmäßigkeiten der Physik sind keine ehernen Regeln, die dem Menschengeschlecht offenbart wurden, um Einsicht in das Innere der Dinge zu tun. Sie sind nichts als mathematisierte Modelle getätigter Beobachtungen. Was aus den Naturgesetzen spricht, ist keine ewige Notwendigkeit, sondern die Beschreibung menschlicher, also endlicher (sowohl in Bezug auf Genauigkeit, als auf Häufigkeit) Erfahrung. Kein Wissenschaftler hat je gesehen – und auch kein Mensch-, dass ein Stein, den man in der Hand hält, zu Boden fallen *muss*, wenn man ihn loslässt; jeder Mensch beobachtet lediglich, dass es bisher in jedem Fall eingetreten ist, in dem er so handelte. Kein Naturgesetz und keine Erfahrung können mehr als versichern, dass bisher kein Fall eingetreten ist, in dem der Stein nicht fiel. Die Gesetzmäßigkeit, die wir dem Verhalten des Steines und auch allen anderen Dingen unterstellen, ist kein Gegenstand unserer Wahrnehmung. Gegenstand unserer Wahrnehmung ist lediglich eine Folge von Einzelfällen, in denen das gleiche Verhalten beobachtet wird. Die Vorstellung einer Gesetzmäßigkeit entsteht allein in unserem Kopf.

Niemand kann gewährleisten, dass der Stein auch beim nächsten Versuch zu Boden fallen werde. Strenggenommen lässt sich das Verhalten des Steines überhaupt nicht vorhersagen. Er könnte ebenso gut an seiner Stelle schweben, denn alle Naturwissenschaft, alles Wissen, alle Erfahrung, aus der unser ganzes Wissen hervorgeht, können nur beschreiben, dass in der Vergangenheit jeder beobachtete Stein zu Boden fiel, nicht dass jeder Stein zu jeder Zeit zu Boden fallen *müsse*. Dazu müsste jeder Stein zu jeder Zeit bereits beobachtet worden sein, eine Unmöglichkeit für menschliches Wissen und Tun, falls gilt, dass jedes Wissen auf Erfahrung beruhe.

Am Verhalten eines Kleinkindes lässt sich gut beobachten, dass es sich mit unserem Wissen so verhält.

Ein solches zeigt sich des öfteren in höchst gefährlichen Situationen gänzlich unbeeindruckt, während es in völlig banalen unerwartet ängstlich reagiert. Die fehlende Erfahrung des Kindes lässt es die Situation nicht richtig einschätzen. Ebenso weiß es erst nachdem es auf die erste heiße Herdplatte gestoßen ist, dass von Dingen dieser Art tunlichst Abstand zu halten ist.

Einwenden könnte man, wie es möglich sei, dass der Mensch sich Dinge vorstellen kann, die es nicht gibt, etwa ein lila Rind. Hier hat offensichtlich der Verstand, des Menschen zwei Eindrücke zusammengesetzt, einmal die Erfahrung eines Rindes und die von etwas Lilafarbenem. Analog lassen sich alle Vorstellungen und alles Wissen auf gemachte Erfahrungen zurückführen.

Zurück zu unserem Beispiel. Bob hat anscheinend aus scharfer Beobachtung der Ursache, also dem Ansatz des Queue des Spielers Wilbur auf eine solche Wirkung auf die Kugel geschlossen, wie sie in der Vergangenheit bei ähnlichen Ursachen ebenfalls eingetreten ist.

Das Wissen, dass gleichen Wirkungen bisher immer gleiche Ursachen vorausgingen, hat Bob aus seiner und anderer Erfahrung gelernt. Wenn er sich auf diese Erfahrung der Kausalität beruft, um Aussagen über zukünftige Geschehnisse zu treffen, setzt er implizit voraus, dass aus Erfahrungen der Vergangenheit Vorhersagen über die Zukunft getroffen werden können.

Dieses Wissen, dass aus Erfahrungen der Vergangenheit Vorhersagen über die Zukunft getroffen werden können, kann er – wie oben gezeigt – nur aus Erfahrungen der Vergangenheit gewinnen, das heißt, indem er dieses Wissen aus seiner Vergangenheit ins Heute überträgt. Um diese Erkenntnis zu gewinnen, setzt er genau das voraus, was er erfahren will, dass man aus Erfahrung für die Zukunft lernen kann. Diese Annahme (dass aufgrund von Erfahrungen der Vergangenheit

Vorhersagen über die Zukunft getroffen werden können) basiert also auf einem Zirkelschluss.

Bob kann also rational begründbar keine Vorhersage über das Verhalten der Billardkugel sagen. Dass beim Zusammenstoß zweier Kugeln die angestoßene weiterrollt und die erste liegen bleibt, ist ein Ereignis, das a priori genauso wahrscheinlich ist, wie das Entstehen einer Blume beim Zusammenprall.

Es ist durchaus ein Hang des Menschen festzustellen, die Welt als kausal bedingt aufzufassen, jedoch muss er eingestehen, dass er diese Annahme nicht hinreichend begründen kann. Nur in diesem Eingeständnis der Grenzen unseres Denkens liegt die intellektuelle Würde des Menschen. Geister, die die engen Grenzen des Wissbaren nicht einmal ahnen, sondern diesen Raum für endlos halten, bezeugen damit lediglich ihre geistiges Format.

Jonas Rattle:

Was steht über dem Menschen? In der Regel wird hierbei von Gott ausgegangen, selbst, wenn seine Existenz genau so wenig beweisbar ist wie seine Nicht-Existenz. Man kann jedoch nicht an „Nichts" glauben, alles wäre sinnlos, wenn es keinen Gott gäbe. Die erste Bewegung von Gottes Seite muss in Form eines Energieanstoßes für die Welt, die dann in Bewegung treten konnte, erfolgt sein. Physikalische Bewegung kann heute nur dadurch erklärt werden, dass ein Körper sich auf einen anderen zu bewegt, ihn anstößt und in diesem Moment einen Teil seiner Bewegungsenergie überträgt, sodass sich beide Körper zwar mit einer niedrigeren Geschwindigkeit, aber dennoch weiter bewegen.

Wenn alles dies, was sichtbar erkennbar ist, als Gottes Werk gilt, muss es auch wahrhafter Natur sein. Problematisch ist dabei aber, dass, wenn der Mensch die Augen schließt, die Dinge für ihn nicht mehr sichtbar und damit auch nicht wirklich sein können. Er kann also nur davon ausgehen, was er wahrnimmt und erkennt - so z.B. von den physikalischen Gesetzen, wenn er sie überprüft hat.

Die physikalischen Gesetze basieren alle auf zahlreichen Versuchen, die insgesamt ein identisches Ergebnis gezeigt haben und damit jegliche Ausnahmemöglichkeiten nicht bestätigt haben.

Dennoch sind diese nicht ausgeschlossen, denn jeder Problemlösungsversuch kann falsch sein, wenn er auch noch so wahr erscheint. Der Mensch ist in seiner Wahrnehmung und Erkenntnisfähigkeit dieser Welt gewissermaßen eingegrenzt, so dass es ihm sowohl in der gegenwärtigen Zeit als auch in Zukunft immer wieder an der vollständigen Gewissheit der Wirklichkeit seiner bisherigen Erfahrungen mangeln wird.

Das bedeutet also, dass Bob, wenn er der Kugel einen Anstoß gibt und den Zusammenstoß mit einer anderen nur ahnen, jedoch nicht wahrhaftig wissen kann, und dabei nicht die

Entstehung einer Blume bzw. eines Pottwals voraus sieht, da er auf seine Erfahrungen vertraut, die ihm wiederholt gezeigt haben, dass beim Anstoß einer Kugel durch einen Stab dieser eine Art Bewegungsanstoß gegeben wird, worauf sie sich in Bewegung setzt und beim Zusammenstoß mit einer anderen Kugel ihr einen Teil der Bewegungsenergie überträgt, worauf sich wiederum diese Kugel selbst in Bewegung setzt. Trotz dieser Erfahrung kann Bob einen anderen Verlauf beim Zusammenstoß der Billardkugeln nicht im vornherein ausschließen, da seine Erfahrungen nicht als Beweis herangezogen werden dürfen.

Anhand von kritischer Beobachtung und Überprüfung auf Selbstwidersprüche in den letzten Billardspielen geht Bob dennoch lieber von der allgemein auftretenden Situation aus – nämlich, dass sich die Kugeln nach dem Zusammenstoß weiter bewegen.

Wenn sich dieses Mal seine Vermutung erneut beweisen würde, müsste auch in seinem Denken die These, dass bei dem Zusammenstoß zweier Kugeln eine Bewegungsübertragung statt findet, an Bedeutung gewinnen und er bei ständiger Wiederholung dieses Ergebnisses immer stärker von der These ausgehen würde, aber die Entstehung eines anderen Vorganges niemals ausschließen könnte, weil er als Mensch wie jeder andere in seiner Erkenntnis durch die Wahrnehmung eingeschränkt ist.

Alexej Stanislovic:
Die Frage mag ganz interessant klingen und sich gewiss auch für manch elitäre Diskussionsrunde eignen, aber sie ist durch und durch überflüssig.

Warum verkrampfte Mutmaßungen darüber anstellen, weshalb etwas so und nicht anders ist, oder warum es auf diese und jene Weise funktioniert? Können wir denn wirklich wissen, dass alles so konstruiert wurde und abläuft, wie wir es uns ausmalen? Nein, das können wir nicht. Das einzige, was wir können, ist Erscheinungsformen aufzählen, uns auf dem Boden der Beschreibungen bewegen.

Wenn es etwas gibt, das wir wirklich erkennen können, so ist es unsere eigene Existenz, die uns durch extreme Gefühle oder durch Grenzsituationen vor Augen geführt wird. Alles andere ist Spekulation, und die Philosophie täte gut daran, sich den wichtigeren Fragen zuzuwenden, denen nämlich, die um den Menschen und nicht um die Billardkugel kreisen.

Aufgaben:

1) Ordnen Sie die philosophischen Vertreter den folgenden Strömungen zu: Materialismus, Empirismus, Existentialismus, Idealismus, Rationalismus
2) Vergleichen Sie die Aussagen Matthias Liszts mit denen von Ida Rasmussen.
3) Beschreiben und erläutern Sie die Sonderstellung Alexej Stanislovics.
4) Erörtern Sie mit Hilfe der Texte, wie wahrscheinlich es ist, dass eine Blume oder ein Pottwal entsteht.

Allzumenschliches

Stefan fällt eine riesige Last von den Schultern, als er sein Referat über die Außenpolitik Deutschlands nach 1890 beendet. Doch die Lehrerin fragt genauer nach und erkundigt sich nach den Quellen. „Ähm, ja... Wikipedia!?", antwortet Stefan auf die Frage, woher er das Vorgetragene Wissen habe. Was Stefan allerdings nicht weiß, ist, dass er sich damit gegen die Überzeugung eines der wichtigsten Philosophen des 18. Jahrhunderts stellt und der sich sicher bei solch einer Antwort 3x im Grabe umdreht: **Voltaire** (*21.11.1694 in Paris - 30.05.1778 ebenda). Genau dieser prägte in seinen Veröffentlichungen den Begriff der „Geschichtsphilosophie". Er forderte Quellenüberprüfungen der Historiker und Genauigkeit von Fakten.

Voltaire plädierte zu Lebzeiten immer wieder für Religionsfreiheit und übte dementsprechend gleich einmal Kritik an der katholischen Kirche. Diese Kritik geschah allerdings recht ironisch mit Witz und Sarkasmus. Wie auch in seinem Werk „Candide, ou l'optimisme" von 1759. Ein verheerendes Erdbeben in Lissabon im Jahre 1755 ließ Voltaire an Gott und seinem Schöpfungsplan zweifeln und so parodierte er in „Candide" **Gottfried Wilhelm Leibniz** (deutscher Mathematiker und Philosoph, *01.07.1646 in Leipzig - 14.11.1716 in Hannover), welcher „die beste aller möglichen Welten" in unserer sah. Hier bestünde das größtmögliche Potenzial sich zu entwickeln und auch das Übel auf der Erde sei Folge positiver Gaben Gottes. Voltaire warnte mit Frechheit vor diesen Luftblasen und besann sich auf das einfach Leben: auf dem Teppich bleiben, bescheiden und moralisch leben, hieß seine Devise.

Leibniz' Anhänger sprechen viel mehr von einer dynamischen, sich stets entwickelnden Welt, welche sie zur Besten macht. Die Fangemeinde beider, Voltaire und Leibniz, kommen wohl nicht auf den gleichen Nenner. So wie auch schon damals Voltaire mit seiner Geliebten Madame du Châtelet, welche schließlich eine Verehrerin der leibniz'schen Philosophie war. Schade, dass es zu keinem Schlagabtausch der beiden Philosophen mehr kommen kann. Interessant wäre es allemal.

Metaphysik

Da das Spiel nun einmal durch Bobs Eingreifen unterbrochen war, einigte man sich trotz seiner Weissagung, Wilbur hätte bestimmt gewonnen, auf Unentschieden.

„Du hast meinen Sieg vermasselt", schmollte Wilbur halb beleidigt, halb feixend. „Dafür gibst du einen aus!"

„Okay, okay", Bob rutschte lässig von seinem Barhocker. „Was darf's denn sein?", fragte er Wilbur und Jessy, die gerade dabei war, die Billardkugeln in ihre Ausgangsposition zurückzuversetzen. Wilbur legte die Queues auf den Tisch.

„Na, wenn du heute so spendabel bist: Cognac", grinste er.

„Und für dich?", Bob wandte sich Jessy zu. Sie blickte von den Kugeln auf, die nun wieder in einer ordentlichen Dreiecksform auf das nächste Spiel warteten.

„Gin."

Bob verdrehte die Augen und seufzte.

„Oh Mann, Jessy, trinkst du eigentlich auch mal was anderes? Jeden Samstagabend kommst du mit der gleichen Bestellung – ich könnte meine Uhr danach stellen!"

Jessy runzelte die Stirn, stemmte die Hände in die Hüften und zuckte mit den Schultern.

„Ich könnte genauso gut Scotch nehmen, aber ich habe nun mal Lust auf Gin."

Problemstellung:
Hätte Jessy tatsächlich genauso gut Scotch wählen können?
Oder anders gefragt: Ist Jessys Wahl hier wirklich frei oder handelt sie als Gefangene ihres Geschmacks bzw. anderer Einflüsse?

Ida Rasmussen:

Mit unseren Erkenntnissen über den Monismus unserer Welt, die ausschließlich aus Wahrnehmungsebene besteht, welche wiederum im Übergeist aufgeht, ist die Frage nach dem freien menschlichen Willen leicht und schnell zu beantworten.

Wir nehmen uns hierzu wieder unsere Träume zur Hilfe. Analog zu den (unbewussten) Figuren in unseren Träumen, kann man sich uns Menschen und alles andere auf dieser Welt, in diesem Universum als (bewusste und unbewusste) Figuren in einem „Traum" des Überwesens vorstellen. Der Übergeist begrenzt nämlich unsere Welt und von ihm sind auch deren Regeln und Natur abhängig, so wie in unseren Träumen die Welt und die Regeln dieser Welt von unserem Geist abhängig sind.

Haben wir also geklärt, ob die Figuren in unseren Träumen frei handeln und entscheiden, können wir aufgrund oben aufgezeigter Analogie auf die Freiheit der Figuren in der Welt des Übergeistes (gleich in unserer Welt) schließen.

Wie handeln nun die Figuren in unseren Träumen? Diese Frage mag lächerlich erscheinen. Und sie ist es auch. Denn wie sollen die Figuren in unseren Träumen frei handeln, wenn wir doch ihnen Existenz, Worte und Taten geben, welche sie nach unseren Vorstellungen vollbringen? Es ist schlicht unmöglich, einen freien Willen unserer Traumfiguren zu bejahen, denn wir bestimmen (jedoch meist unbewusst), was in unseren Träumen geschieht, nichts geschieht, ohne dass wir es so wollen.

Betrachtet man die Menschen und die restlichen Wesen auf dieser Welt nun als Figuren in der Welt (quasi in einem „Traum") des Übergeistes, können wir nun korrekterweise behaupten, selber unfrei bei unseren Entscheidungen zu sein. Denn was unterscheidet uns als Figuren in der Welt des Übergeists von Figuren in unseren Träumen? Es ist einzig die Tatsache, dass wir als Menschen bewusste Existenzen und die Figuren in unseren Träumen unbewusste Existenzen sind (Oder vielleicht auch nicht? Vielleicht sind auch unsere Traumfiguren bewusste Existenzen. Dies spielt allerdings bei der Frage nach ihrem Willen keine Rolle, da sie – wie der Lauf des Essays zeigen wird – auch mit einem Bewusstsein unfrei in unserem Geist wären). Und unser Bewusstsein befähigt uns in keiner Weise dazu, in der Welt des Übergeistes frei zu handeln. Es gibt uns zwar die Möglichkeit, Dinge *für uns* (und nicht für das Überwesen allein) wahrzunehmen und zu erkennen. Es gibt uns Selbstbewusstsein und somit theoretische Autarkie, theoretische Existenzunabhängikeit vom Übergeist (da: esse est percipi). Jedoch ist diese Autarkie wirklich nichts weiter als theoretisch, denn unser Geist ist als Teil der Welt des Übergeists eben diesem untergeordnet - und mit unserem Geist auch unser Wille. Somit wird von den Menschen nichts entschieden, was nicht der Übergeist bestimmt hätte. Der menschliche Wille ist unfrei.

Allerdings gibt es auch Licht am Ende des Tunnels: Wie gezeigt ist eine theoretische Autarkie des Geistes, des Willens möglich. Auch ist es denkbar, dass diese Unabhängigkeit durchaus in der Welt des Übergeistes anwendbar ist, sofern die Art des Übergeists dies nicht a priori unmöglich macht. Da wir wie bereits erwähnt keinerlei Aussagen über die Art und Weise des Übergeistes machen können, können wir demnach auch bei diesem Problem nicht entscheiden.

Nichtsdestoweniger muss der Wille als unfrei betrachtet werden, denn die Möglichkeit für den Übergeist, unseren Willen zu lenken, ist in jedem Falle gegeben, was wiederum unsere Freiheit im Entscheiden beschränkt. Und eine „beschränkt freier Wille" ist ebenso frei wie ein Verbrecher in einem Gefängnis, dem gesagt wird, er dürfe in diesem Gefängnis alles machen, was er wolle.

Matthias Liszt:

Um sich zu der Frage äußern zu können, ob der Mensch so etwas wie einen freien Willen besitzt, sollte man vorerst einige Begriffsdefinitionen einführen, die wir dann als Grundlage für unsere Argumentation benutzen werden. Zuerst stellt sich die Frage, was wir unter dem menschlichen Willen verstehen wollen. Der menschliche Wille ist die Summe aller Bedürfnisse eines Menschen. Oft werden für besondere Situationen auch nur einige spezielle Bedürfnisse herausgenommen und als „Wille" bezeichnet („er zeigt einen guten Willen" bezieht sich sicherlich nicht auf die Summe aller Bedürfnisse, sondern nur auf die für diese Situation relevanten; ob das wirkliche Mittel seiner Bedürfnisse als gut, also ethisch vertretbar angesehen werden kann, ist damit keineswegs gesagt), jedoch betrachten wir hier den Willen in seiner abstraktesten Form, nämlich als eben angesprochene Summe.

Folglich stellt sich nun die Frage, was man unter menschlichen „Bedürfnissen" zu verstehen hat. Die Definition muss auch hier wieder recht allgemein gehalten werden: Ein Bedürfnis eines Menschen ist das, was den Menschen zu einer bestimmten freiwilligen und bewussten Tat führt, die er im Vor- und Nachhinein und auch während des Ausführens als richtig (ethisch vertretbar), unterhaltsam oder wie in Jessys Fall, als Vergnügen bzw. Genuss empfindet. Dieses Bedürfnis kann nun mehrere Gründe haben. Einer der häufigsten ist das Vorhandensein einer „angenehmen Erinnerung" an eine bereits mehrmals vollbrachte oder beobachtete Handlung aus der Vergangenheit. Die Definition einer „angenehmen Erinnerung" ist schließlich konkret: Sie ist eine im menschlichen Gehirn in Form von RNA abgespeicherte Information, welche bei Abruf zum Beispiel zum Ausstoß von Glückshormonen (Endorphinen) führen kann, und damit signalisiert, dass diese Information einen angenehmen und guten Handlungsablauf kodiert. „Unangenehme Erinnerungen", welche ein Bedürfnis zur Vermeidung einer bestimmten Tat hervorbringen, sind gegenteilig geartet, setzen den Körper in eine Art Alarmbereitschaft oder in einen Angstzustand (durch die jeweilige Ausschüttung von entsprechenden Hormonen). Bedürfnisse können auch genetisch-instinktartig bedingt sein (das Bedürfnis zu essen) oder auch eine Kopplung von einer genetischen Disposition und einer angenehmen Erinnerung (auch wieder das Bedürfnis zu essen) sein. Alle Bedürfnisse haben jedoch gemeinsam, dass sie durch eine konkrete biologisch-chemisch im Körper abgespeichert Information hervorgerufen werden.

Mit diesen Definitionen für „(un-)angenehme Erinnerungen" als abrufbare RNA-Codes, für „Bedürfnis" als die Folge des Abrufs einer oder mehrerer „(un-)angenehmer Erinnerungen", welche uns zu einer bestimmten Handlung treibt, und für „Wille" als Summe aller Bedürfnisse können wir nun korrekterweise erörtern, ob der menschliche Wille als frei angesehen werden kann.

Der Wille soll in diesem Sinne als frei betrachtet werden, wenn der Mensch erstens bewusst und freiwillig gegen seinen eigenen Willen handeln kann, und/oder wenn der Mensch zweitens die Genese seines Willens bewusst, freiwillig und absichtlich formen, sprich, wenn er seinen eigenen Willen bestimmen kann. Wir wollen uns zunächst dem zweiten angesprochenen Punkt widmen.

Hierzu ist die Frage nach der Entstehung unseres Willens zu klären. Da der Wille die Summe aller Bedürfnisse darstellt und Bedürfnisse durch Erinnerungen oder Disposition ausgelöst werden, reicht zur Behandlung dieses Problems die Klärung der Entstehung von Erinnerungen aus (Veranlagung ist natürlich nicht vom betroffenen Menschen beeinflussbar). Betrachten wir hierzu den uns vorliegen Sachverhalt, nämlich Jessys Gintrinken. Warum verspürt Jessy das Bedürfnis, Gin zu trinken? Nun, das lässt sich höchst wahrscheinlich auf zwei

„angenehme Erinnerungen" zurückführen, zum einen die des Alkoholtrinkens im Allgemeinen und zum anderen die des Gintrinkens im Speziellen.

Nimmt der Mensch alkoholische Getränke zu sich, werden durch Alkoholmoleküle Rezeptoren im menschlichen Gehirn besetzt bzw. vielmehr blockiert. Dies hat vielerlei Folgen. Zum einen werden Hemmreaktionen vermindert vom Gehirn eingeleitet (die Hemmschwelle sinkt), zum anderen ist das rationale und logische Denken, das Sprechen und das koordinierte Handeln beeinträchtigt. Diese Umstände können bei einigen Menschen (Jessy zählt anscheinend dazu) zu einer angenehmen Erinnerung führen, da der Gedanke an einen Alkoholrausch und die dazugehörende Hemmungs- und Zwanglosigkeit eine Endorphinausschüttung bewirken kann. Überwiegt die angenehme Erinnerung daran andere angenehme bzw. unangenehme Erinnerungen (z.B. die an das Trinken von nichtalkoholischen Getränken bzw. die an einen Kater nach einer durchzechten Nacht) in einer ganz bestimmten Situation, greift der Mensch zu einem alkoholischen Getränk. Ob diese Erinnerung die anderen überwiegt, hängt nun wieder mit den speziellen äußeren Umständen zusammen, zum Beispiel der physischen Gesundheit eines Menschen oder auch dem Vorhandensein bestimmter Ressourcen (z.B. alkoholischer Getränke).

Ist also die Summe aller das Alkoholtrinken fördernder Erinnerungen gewichtiger als die der konträren Erinnerungen, wird Alkohol verzehrt.

Selbiges gilt für das Gintrinken im Speziellen. Jedoch müssen wir nun mit dem Geschmack des Gins argumentieren und nicht mit seiner alkoholischen Wirkung. Wenn etwas unsere Zunge berührt, werden von dem zu verzehrenden Stoff Geschmacksrezeptoren auf unserer Zunge besetzt, wodurch bestimmte chemische Reaktionen ausgelöst werden. Das wiederum führt zu der Sendung von Informationen an das

Gehirn. Diese übermitteln das, was wir als Geschmack bezeichnen, nämlich den Grad an Genießbarkeit eines Stoffes. Ist etwas ungenießbar (in der Natur oft gleichbedeutend mit giftig) leitet das Gehirn nach dem Erhalt der Information von den Geschmacksrezeptoren auf der Zunge chemische Reaktionen ein, die das Ausspucken der Substanz in unserem Mund hervorrufen. Gleichzeitig wird eine unangenehme Erinnerung abgespeichert, damit wir später nicht noch einmal denselben Fehler begehen und etwas Ungenießbares zu verzehren zu versuchen. Das alles dient dem Schutze unseres Körpers vor Giften.

Ist allerdings etwas Genießbares in unsere Mundhöhle gelangt, sind die gesendeten Informationen entsprechend positiv und die abgespeicherte Erinnerung angenehm, um uns in Zukunft zum wiederholten Verzehr dieses einen bestimmten Nahrungsmittels zu treiben. In Jessys Fall ist die angenehme Erinnerung an den Geschmack von Wacholderbranntwein in ihrem Gehirn abgespeichert worden.

Zusammen mit der angenehmen Erinnerung an das Trinken von Alkohol im Allgemeinen überwiegt diese Summe an angenehmen Erinnerungen die Summe an angenehmen Erinnerungen zum Beispiel für das Scotchtrinken. Also greift Jessy zu Gin und nicht etwa zu Scotch oder sonst etwas anderem.

Wo ist nun das freiwillige, bewusste und absichtliche Eingreifen des Menschen in den Entstehungsprozess dieser Komplexität aus angenehmen Erinnerungen zu finden? Ganz eindeutig muss die Antwort „nirgends" lauten. Diese rein chemisch-biologischen Prozesse liegen außerhalb des Einflussbereiches des Menschen und entstehen ohne unser Zutun. So sehr wir uns auch anstrengen, wir können das Gehirn nicht zu der Abspeicherung einer bestimmten (un-)angenehmen Erinnerung zwingen, auf jeden Fall nicht, wenn wir ehrlich und genau mit uns sind.

Nun haben wir also bewiesen, dass die Genese von unseren Bedürfnissen, also auch von unserem Willen, unfrei geschieht. Wie steht es nun mit Handeln gegen unseren Willen? Zum besseren Verständnis sei nun noch einmal erklärt, was damit gemeint ist: Es ist das freiwillige, bewusste und absichtliche Ausführen einer den stärksten Bedürfnissen in einer bestimmten Situationen konträr gegenüberstehenden Handlung gemeint. In Jessys Fall wäre dies zum Beispiel das Scotchtrinken. Also sollten wir uns im Folgenden fragen, was denn Jessy dazu bringen könnte, Scotch statt Gin zu trinken. Sie können gerne ausgiebig über die Beantwortung dieser Frage nachdenken (ich habe es auch getan), ich sage ihnen jedoch, es wird immer auf das Vorhandensein von stärkeren Bedürfnissen hinauslaufen. Wenn zum Beispiel der Bedürfniskomplex des Sichbehauptens vor Bob (wir nennen dieses Bedürfnis „Stolz") dem Bedürfniskomplex des Gintrinkens überwöge, tränke Jessy sicherlich Scotch, nur um Bob zu zeigen, dass sie „die freie Wahl" hat. Jedoch unterläuft Jessy hier (sofern sie so handelt) ein Fehlschluss: Sie handelt keineswegs „frei gegen ihren Willen", sondern es hat nur im Verlauf des Gesprächs mit Bob der Bedürfniskomplex des Stolzes die Überhand über alle anderen für diese Situation relevanten Bedürfniskomplexe gewonnen - auch hier wieder ohne Jessys Zutun.

Analoges gilt für jede denkbare Situation, in der der Mensch - bewusst oder unbewusst - vor eine Wahl gestellt wird, und somit für jeden einzelnen Augenblick des Lebens eines Menschen. Der Mensch hat somit bewiesenermaßen keinen freien Willen. Er handelt als Marionette seiner Bedürfnisse, welche aus rein chemisch-biologisch-physikalischen Prozessen und Reaktionen entstehen und solche wiederum hervorrufen. Unsere ganze Existenz ist demnach determiniert - vorbestimmt. Wir sind unfreie und erbärmliche Gefangene unseres Willens, Sklaven abiotischer und biotischer Einflüsse und - was das

ärgste Übel von allen ist - ignorant und blind genug, dies nicht
zu merken.

Émanuel Pirisme:

Nun geht es also um die Freiheit, diese „ strittigste Frage der umstrittensten Wissenschaft, der Metaphysik" (David Hume). Wählt Jessy notwendig den Gin?

Um das zu klären, muss der Begriff der Notwendigkeit zunächst definiert werden. Betrachtet man die Menschen ferner Zeiten und auch Länder, so finden sich doch in jeder Gesellschaft die gleichen Motive wie in unserer: Neid, Hass, Zorn, Genusssuche und viele mehr.

Stets sehen wir die gleichen Handlungen aus den gleichen Motiven hervorgehen. Diese Ähnlichkeit der Motive macht Kommunikation und Zusammenleben überhaupt erst möglich. Der an Erfahrungen reiche, alte Mann kann auf Grund seiner Beobachtungen sehr gut aus dem Charakter, den näheren Umständen und den herrschenden Motiven eines Mitmenschen auf seine Handlung schließen. Notwendigkeit bedeutet hier also, dass aus gleichen Motiven stets gleiche Handlungen folgen. Ersetzt man „Motiv" mit „Ursache" und „Handlung" mit „Wirkung", wird deutlich, dass auch im Bereich des menschlichen Handelns das Prinzip der Kausalität gilt, das wir zwar selbst nicht rational beweisen können, das wir aber aus den Zusammenhängen der Physik kennen und immerfort beobachten.

Genauso wie von der Gültigkeit der Kausalität bei Naturphänomenen geht der Mensch ständig und unwillkürlich von einer Motivation jeder menschlichen Handlung aus. Genauso notwendig also, wie ein losgelassener Stein zu Boden fällt, folgen auf eine Motivation entsprechende Handlungen.

Manchem widerstrebt es, dies anzunehmen, jedoch basiert auf diesem Prinzip alles menschliche Zusammenleben, und weit wichtiger: Es zeigen sich gleiche Prinzipien bei der Beobachtung physikalischer Abläufe und menschlicher Handlungen. Warum auch und wie sollten innerhalb der einen Natur widersprüchliche Prinzipien sich geltend machen?

Sollte das Prinzip der Kausalität, dass auf Motivationen notwendig entsprechende Handlungen folgen, nicht gelten, wäre nicht Freiheit des menschlichen Handelns gewonnen, sondern Zufälligkeit. Ein Tun, für das keine Begründung, kein Motiv angeführt werden kann, ist rein zufällig und somit auch sinnlos.

Diese Freiheit kann also auch keinem der Leugnenden der Kausalität vorschweben, jedenfalls leben sie nicht derart. Denn ständig verlangen sie von ihren Mitmenschen Gründe für ihr Tun und ständig schätzen sie ab, wie die Umwelt auf dies und das reagieren wird.

Um Reaktionen eines Menschen vorherzusagen, braucht man eine genaue Kenntnis des Charakters, der Umstände und der Motivlage dieser Person. Weiß man diese alle vollständig, so lässt sich mit gleicher Sicherheit die Handlung dieser Person, wie das Verhalten eines losgelassenen Steines, vorhersagen. Sollte ein überaus freundlicher Mensch einmal eine patzige Antwort geben, folgt daraus nicht, dass die Kausalität nicht gelte, sondern dass dem anderen gewisse Umstände nicht bekannt sind, etwa dass der Zeitgenosse von heftigen Blähungen heimgesucht wird. Die Umstände, der Charakter und die Motivation eines Menschen sind derart komplex und vielgestaltig, dass für einen Außenstehenden die Entscheidung, welcher Umstand nun höchstes Gewicht hat und welche geistigen Kräfte alle wirken, nicht sicher zu treffen ist. Jedoch weiß doch jeder Handelnde selbst Gründe für sein Tun anzugeben.

Jessy also hat sich aufgrund ihres Geschmacks und aller anderen wirkenden Einflüsse für Gin entschieden, und zwar notwendig für Gin entschieden. In jeder anderen Situation, in der die Dinge genauso liegen, hätte sie ebenfalls Gin gewählt. Ihre Bemerkung, dass sie ebenso gut auch Scotch hätte wählen können, ist auf eine Illusion zurückzuführen. Wenn sie in eben derselben Situation Scotch gewählt hätte, hätte ihre Motivation,

Scotch zu trinken, oder ihre Motivation, mal etwas anderes als Gin zu trinken, stärker sein müssen, das heißt, die Situation wäre verändert. Da in der Situation aber ihre Motive und die anderen Einflüsse nun mal so waren wie sie sind, hätte sie nicht „genauso gut Scotch" wählen können.

Ist Jessy nun unfrei? Was ist Freiheit, wenn das von allen unseren Erfahrungen gestützte Prinzip der Kausalität auch im Bereich menschlichen Handelns gilt?

Hier stoßen wir wieder an die engen Grenzen unserer Vernunft. Natürlich lässt sich trefflich weiterspekulieren, lassen sich ganze Systeme errichten, die unsere Freiheit gewährleisten, aber vernünftig ist das nicht. Unsere Freiheit ist innerstes Prinzip unseres Wesens und existiert nur *in actu*, vielmehr existieren wir selbst nur *in actu* und dieser Vollzug unserer selbst ist dann Freiheit zu nennen.

Wir können nicht sagen hier und dort sind wir frei, ist unsere Freiheit. Da Freiheit also nicht Gegenstand unserer Handlungen ist und sein kann, sondern die Modalität, in der unsere Taten erfolgen, kann die Freiheit selbst auch nicht Gegenstand unserer Erfahrung sein. Was nicht Gegenstand unserer Erfahrung ist oder sein kann, kann auch nicht Gegenstand des Wissbaren sein.

Ebenso wenig wie wir die Kausalität selbst begründen konnten, können wir also die Freiheit begründen. Das liegt wie gesagt daran, dass beides Modalitäten der Erscheinungen und Taten sind, aber selbst nicht Gegenstand unserer Erfahrung und somit dem Wissbaren entzogen. In beiden Fällen jedoch tendiert der Mensch „natürlicherweise" dazu, beides als gegeben anzunehmen. Der Mensch erfährt sich und die Welt unwillkürlich als frei und kausal bedingt. Wenn er beide Prinzipien mit dem Lichte seiner Vernunft nicht zu beweisen vermag, tut er doch gut daran, sie als gegeben zu betrachten, da er sonst nicht allein sich luftiger Spekulation hingibt, sondern auch einen Widerspruch zwischen seiner Weltanschauung und seinen unmittelbaren Erfahrungen hinnimmt, was ebenso lächerlich ist, wie das Vermögen der eigenen Vernunft zu überschätzen.

Jonas Rattle:
Es steht fest, es gibt Gott - und er ist das Erste, damit ist alles auf ihn zurückzuführen. So gibt es auch wirklich die Welt, die durch die Erkenntnis der Menschen nicht zu beeinflussen ist.

Ich gehe außerdem davon aus, dass ein metaphysischer Dualismus existiert - eine Trennung von geistiger Cogatio (Bewusstheit) und körperlich- materieller Extensio (Ausgedehntheit).

Durch das Denken mit seiner mächtigen Freiheit ergibt sich die Möglichkeit, falsche Entscheidungen zu treffen, die mit Irrtümern und Zweifeln verbunden sind, d.h. es gibt keine menschliche Vollkommenheit, auch, wenn wir als Menschen danach streben. Irren ist also tatsächlich menschlich. Jessy könnte sich fälschlicherweise für ein anderes, ihr unbekanntes Getränk entscheiden und mit dieser Wahl einen Irrtum erfahren, wenn das Ergebnis der Tat nicht ihren individuellen Erwartungen entspricht.

Gleichgültig jedoch, ob Jessy sich „richtig" oder „falsch" entscheidet, die Existenz der Seele ist unabdingbar. Dies beweist allein die Erkenntnis „Cogito ergo sum" (dt.: „Ich denke, also bin ich"): Das Selbstbewusstsein an sich existiert auf eine evidente Art und ist aktiv. Neben der Evidenz, die auch als Klarheit bezeichnet werden kann, gibt es die Distinktion bzw. Unterscheidung, die in diesem Fall als Abwägung zwischen diversen Getränkesorten zu verstehen ist.

Zumal die Selbsterhaltung als größtes Ziel gilt, sucht jedes Wesen seinen Nutzen, wenn er wahrhafter Natur ist und alles von Vollkommenheit geprägte erstrebt, und stellt damit die Befriedigung praktischer Bedürfnisse in den Vordergrund.

Demnach müsste Jessy ein Getränk wählen, das sie sowohl zu einer größeren Vollkommenheit, als auch einem erfüllteren Sein bringt, um den bestmöglichen Nutzen daraus zu gewinnen, wobei sich jedoch die Frage stellt, wie der Begriff Nutzen zu definieren sein kann. In dieser Hinsicht lässt sich festhalten, dass möglicherweise Jessys Durst durch das gewählte Getränk befriedigt werden muss, andernfalls könnte sie sich aber auch nach einem alkoholisierten Zustand und einem von ihr damit assoziierten Vergnügen sehnen und dies als größten Nutzen empfinden. Da der Mensch aber ein sogenanntes Vernunftwesen ist, werden Emotionen wie solche – beispielsweise Freude und Vergnügen, Begierde und Sucht – von der alleinigen Vernunft beherrscht, sodass folglich die praktische Nutzenmaximierung von äußerst großer Bedeutung sein muss.

Fest steht, dass Jessys Entscheidungsprozess ein entsprechender Willensakt vorausgeht und durch eine Wahl zwischen mehreren Möglichkeiten gekennzeichnet ist: Soll sie überhaupt aktiv werden? Welches Ziel verfolgt sie mit ihrer Tat und wie führt sie diese schließlich durch? In diesem Fall handelt es sich nicht um einen spezifisch hohen Entscheidungsdruck, denn die Situation ist nicht derartig neu oder ungewohnt für Jessy, vielmehr handelt es sich um eine Alltagssituation, in der sie eingewöhnte Verhaltensweisen in ihrem Entscheidungsdruck entlasten.

Die Chance, dass Jessy nun auf ihre Gewohnheit vertraut und sich für ein bereits bekanntes Getränk entscheidet, dessen Geschmack sie schon kennt, muss demnach größer sein als jene, dass sie ein neues und ungewohntes Getränk wählt, welches sie eventuell enttäuscht, sodass sie keinen Nutzen mehr aus ihrer Tat ziehen kann.

Man kann in gewisser Weise von einer eingeschränkten Wahl sprechen, sie wird jedoch durch die Vernunft beeinflusst und größtenteils unterdrückt.

Dieses Entscheidungsbeispiel lässt sich ebenfalls als ein zu lösendes Problem betrachten, in dem strenge Kritik zur Erfolgskontrolle benötigt wird.

Auf die anfangs genannte Fragestellung lässt sich zum Abschluss also erläutern, dass die Person Jessy in ihrem

Denken zwar die Möglichkeit hat, sich für ein anderes Getränk zu entscheiden und beispielsweise ein ähnliches oder sogar anderes zu wählen, aufgrund ihrer nutzenorientierten Denkweise und ihrem Ziel der Nutzenmaximierung in ihrer Entscheidungsfreiheit eingeschränkt ist und sich daher für ein Getränk entscheiden muss, welches ihr am vorteilhaftesten für ihre Selbsterhaltung erscheint.

Alexej Stanislovic:
Um die Frage zu beantworten, ob hier eine freie Wahl, also eine Aktion, oder lediglich eine Reaktion auf andere Einflüsse vorliegt, müssen wir uns zunächst damit beschäftigen, was unter Wahl zu verstehen ist.

Zu wählen bedeutet, sich selbst zu entwerfen, seiner eigenen Persönlichkeit Kontur zu verleihen, sie also erst zu einer Persönlichkeit zu machen. Hierin liegt bereits die Quintessenz: der Selbstentwurf. Auch wenn uns so mancher gern mit religiösem Geschwätz indoktrinieren möchte, so gibt es doch keine höhere Macht - keinen Gott, kein Schicksal. Ohne diese übernatürliche Macht und ohne jegliche andere Form eines okkulten Schöpfungsprozesses, der uns durch das Labyrinth der Wahlen schubst, ist es folglich an uns, sich in diesem Irrgarten zurechtzufinden. Links oder rechts – diese Wahl hat jeder Mensch selbst zu treffen und konzipiert somit sein eigenes Ich. Dabei sollte man aber nicht dem Irrglauben anhängen, dass es nur einen Ausgang gibt – wie etwa bei den Rätseln in Kinderzeitschriften – und man diesen (wir nennen ihn mal das „himmlische Paradies") nur erreicht, wenn man stets die richtige Wahl trifft, und alle anderen Personen im Fegefeuer schmoren. Weder gibt es diesen ominösen Ausgang, noch kann eine Wahl, sofern sie nicht mit der Menschlichkeit bricht, als gut oder schlecht klassifiziert werden. Zeit unseres Lebens irren wir in diesem Labyrinth umher und müssen uns entscheiden, wohin wir gehen und ob wir überhaupt gehen oder nicht lieber stehen bleiben – auch dies ist eine Wahl. Einen Ausgang werden wir nicht finden, denn ein Ausgang suggeriert immer ein Ziel, also einen Ort, an dem es anzukommen gilt. Jedoch gibt es einen solchen nicht. Der Mensch wird nie vollendet, entwirft sich immer wieder neu, da er immer wieder vor der Wahl steht. Wer trotzdem nach einem Ziel trachtet, hat die Sinnfreiheit des Lebens noch nicht erkannt.

Wir halten fest: Der Mensch kommt um das Wählen nicht herum. Man könnte sagen, er ist zur Wahl verdammt, denn diese ist unumgänglich. Bereits die Wahl, nicht zu wählen, ist eine Wahl, somit ist die Wahl das Non-plus-Ultra.

Einleuchtend, nicht?

Alle unsere Motive und Präferenzen sind durch eine frühere Wahl vorherbestimmt. Es geht alles zurück auf die Urwahl, unsere erste Wahl, die Wahl des Seins. Jedoch ist diese Wahl absurd, da sie nicht aktiv getroffen wird und sich jeglicher Begründung, jeglichen Sinns entzieht.

Wäre also Jessys Urwahl anders ausgefallen, hätte sie sich, so absurd dies auch ist, gegen das Sein entschieden, so müssten wir uns nun nicht die Frage stellen, ob sie tatsächlich Scotch hätte nehmen können.

Trotzdem steht es außer Frage, dass die Summe all ihrer bisherigen Entscheidungen einen erheblichen Einfluss auf die Wahl ihres Getränks ausübt. Hätte sie sich, als sie das erste Mal Gin trank, stattdessen dazu entschieden, Buttermilch zu trinken, hätte sie dabei eine grüne, statt einer blauen Bluse getragen und hätte sie sich heute dafür entschieden, keine Wimperntusche aufzutragen und stattdessen fernzusehen, wobei sie sicherlich über die ein oder andere Werbung für Hamsterfutter und Sekundenkleber gestolpert wäre, so würde sie heute vielleicht Cola bestellen; oder Latte Macchiato, oder Apfelsaft, oder Prosecco – oder vielleicht auch Gin.

Aufgaben:

1) Suchen Sie sich zwei möglichst gegensätzliche Texte aus. Fassen Sie die Kernthesen zusammen und vergleichen Sie diese.

2) Entwickeln Sie eine ähnliche Situation und passen Sie die Meinungen der Philosophen (stichpunktartig) dieser Situation an.

3) Stellen Sie die Gemeinsamkeiten von Matthias Liszt und Emanuel Pirisme bezüglich Inhalt und Argumentationsstruktur heraus. Warum kommen Sie trotz Analogien zu verschiedenen Schlüssen?

4) Welche Definitionen von Freiheit liegen des Essays zugrunde? Wie beurteilen Sie diese?

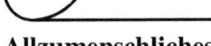

Allzumenschliches

Auch Philosophen kochen nur mit Wasser – jedoch kann ihres sehr schnell zum Überkochen gebracht werden.

Arthur Schopenhauer (1788 – 1860), zum Beispiel, war ein äußerst unangenehmer Zeitgenosse. Vor allem, wenn man eine Frau war. Als solche nämlich musste man sich anhören, dass man ein „niedrig gewachsenes , schmalschuldriges, breithüftiges und kurzbeiniges Geschlecht ohne Urteil oder Genie" wäre, oder Sachen wie: „Zu Pflegerinnen und Erzieherinnen unserer ersten Kindheit eignen die Weiber sich gerade dadurch, daß sie selbst kindisch, läppisch und kurzsichtig, mit Einem Worte, Zeit Lebens große Kinder sind: eine Art Mittelstufe, zwischen dem Kinde und dem Manne, als welcher der eigentliche Mensch ist."

Man musste also aufpassen, wenn man Schopenhauer über den Weg lief. Viel angenehmer, wenn allerdings auch etwas eigenartig, war sein Berufsgenosse **Friedrich Wilhelm Nietzsche** (1844 – 1900).

Nietzsche, allseits bekannt für seinen Ausspruch „Gott ist tot", ging bereits im Alter von 34 Jahren in Frührente. Zehn Jahre später, 1889, als er sah, wie ein Kutscher sein Pferd auspeitschte, sank er unter Tränen zu Boden und umarmte das gefolterte Tier, woraufhin man ihn in eine Psychiatrie einwies. Gerade gegen Ende seines Lebens wurde sein geistiger Zustand immer labiler, sodass er selbst alte Freunde nicht wiedererkannte.

Anthropologie

Wenig später saßen alle drei am Tresen und nippten an ihren Drinks.

„Und, wie war eure Woche?", fragte Wilbur eher halbherzig, um das Gespräch in Gang zu bekommen.

„Frag besser nicht", seufzte Jessy. „In der Agentur war die Hölle los. Sobald mal wieder irgendwo eine Messe ist, rennen uns die Kunden mit ihren Extrawünschen die Bude ein. Und was heißt das für mich? Überstunden en masse. So lange wie ich manchmal dort bin, könnte ich mir gleich ein Feldbett ins Büro stellen."

Bob lachte.

„Natürlich! Aber vergiss deine Zahnbürste nicht."

Jessy tat beleidigt und streckte ihm zwinkernd die Zunge heraus.

„Witzbold! Erzähl uns lieber, was du so getrieben hast, anstatt dich über meine Leiden lustig zu machen."

„Na, da bin ich aber auch mal gespannt. Gibt's neue Katastrophenberichte?", grinste Wilbur.

„Wie man's nimmt", antwortete Bob. „Ich habe mir ein Auto gekauft."

„Wie?", die beiden anderen starrten ihn entgeistert an.

„Mr. Umweltschutz höchstpersönlich kauft sich eine CO_2-Schleuder? Unfassbar! Fehlt nur noch, dass du demnächst mit Schlips und Kragen antanzt."

„Ja, macht euch nur lustig", Bob sah nachdenklich an seinen Freunden vorbei. „Aber irgendwie wurde es Zeit. Früher hatte ich ja wirklich aus Prinzip keins, stimmt schon, aber über die Jahre wurde es bloße Gewohnheit." Er hielt kurz inne und zuckte dann die Schultern. „Es ist schon komisch, wie man sich so verändert. Heute bin ich ein ganz anderer Mensch."

Problemstellung:
Kann Bob überhaupt ein anderer Mensch geworden sein?
Oder anders gefragt: Was macht Bob zu Bob?

Ida Rasmussen:

Um den Menschen eine Identität geben zu können, müssen wir dem Begriff „Identität" erst einmal ihren Sinn geben. Was ist Identität? Was macht uns aus? Was macht Bob zu Bob?

Nun, unsere Identität ist nicht gleich unserer schieren Existenz, jedoch richtet sich die Art und Weise unserer Person in einer direkten Abhängigkeit nach der Art und Weise unserer Existenz, da gilt: unsere Existenz ist das *Dass*, die Identität das *Wie* unseres Seins. Im Klartext: *Dass* (und warum) wir sind, hat einen direkten Einfluss darauf, wie wir sind.

Diese Abhängigkeit möchte ich gerne erklären: Wir sind – worauf ich in den letzten beiden meiner Essays bereits detailliert eingegangen bin – nach gründlicher Überlegung zu dem Schluss zu kommen, dass es vernünftig ist die konventionelle dualistische Weltanschauung abzulehnen und sie durch eine monistische zu ersetzen, für welche gilt: esse est percipi – sein ist wahrgenommen werden. In diesem Sinne haben wir es unserem Wahrgenommenwerden zu verdanken, *dass* wir sind. Unsere Existenz (das *Dass*) ist unser Wahrgenommenwerden.

Dieses Gleichnis beinhaltet eine bisher noch nicht erwähnte, jedoch durchaus essentielle Erkenntnis. Denn wenn es gilt (was vernünftig begründet anzunehmen ist), dann ist nicht nur der Dualismus unserer Welt zu negieren, sondern auch die Uniformität unserer Existenz. Dies mag zugegebenermaßen harter Tobak sein, jedoch ist die Auseinandersetzung mit diesem Gedanken notwendig bei der Beantwortung der Frage nach der menschlichen Identität.

Wir existieren nur als Wahrnehmungen, als Ideen im Geist bewusster Wesen. Somit „existieren" wir auch nicht nur einmal, nur weil unser Geist uns selbst nur einmal, als eins wahrnimmt. Jedes andere bewusste Wesen und auch der Übergeist nehmen uns in einer gleichberechtigten (jedoch nicht in der *gleichen*) Art und Weise wahr, wie wir uns selbst wahrnehmen. In diesem Sinne gibt es drei untereinander gleichberechtigte Arten unserer Existenz: Nämlich die Existenz, welche durch unsere Selbstwahrnehmung begründet ist, die, welche darauf begründet ist, dass andere bewusste Wesen uns wahrnehmen, und jene, welche darauf begründet ist, dass der Übergeist uns wahrnimmt. Diese drei Arten der Existenz sind wie bereits erwähnt gleichberechtigt, da sie alle auf demselben Vorgang – dem Wahrnehmen – basieren. Wäre das Sein noch durch andere Vorgänge als durch das Wahrgenommenwerden definiert, müsste man zwischen den Arten der Existenzen sicherlich differenzieren, da dies jedoch nicht der Fall ist, ist diese vermeintliche Pauschalisierung der Existenzen legitim.

Wir *sind* also nicht nur ein einziges Mal, sondern auf drei verschiedene Art und Weisen, erliegen jedoch dem Irrglauben an die Uniformität der Existenz, da wir uns selbst nur auf eine einzige Art bewusst wahrnehmen, und uns so in unseren Augen nur eine einzige Existenz – jene, welche wir uns selbst durch Selbstwahrnehmung geben – zukommt.

Was bedeutet diese Erkenntnis nun für unsere Identität? Wie lässt sich eben gewonnenes Wissen über das *Dass* auf das *Wie* unseres Seins übertragen? Die Antwort auf diese Frage liegt nunmehr auf der Hand: Wenn wir auf drei verschiedene, jedoch gleichberechtigte Arten existieren (das heißt, wenn es drei verschiedene, jedoch gleichberechtige Arten des *Dass'* unseres Seins gibt), dann kommen „uns" auch drei verschiedene Identitäten zu. Da sein gleich wahrgenommenwerden ist (Wahrgenommenwerden liefert das *Dass* unseres Seins), ist die Art und Weise des Wahrgenommenwerdens unsere Identität (wie wir wahrgenommen werden liefert dass *Wie* unseres Seins). Wie man und wir selber uns wahrnehmen, wie man und wir selber uns sehen macht unsere Identität. Dadurch wird offensichtlich, dass wir mehr als eine Identität haben *müssen*, da wir auf mehr als eine Art und Weise wahrgenommen werden.

Auch hier gibt es wieder drei prinzipiell unterschiedliche Arten des *Wie* des Wahrgenommenwerdens, nämlich wie wir uns selbst wahrnehmen, wie andere uns wahrnehmen und wie der Übergeist uns wahrnimmt. Wir haben demnach drei unterschiedliche jedoch (in ihrem Dasein) gleichberechtigte Identitäten.

Sind diese Identitäten aber auch gleichberechtigt in ihrer praktischen *Wichtigkeit*, in ihrer Anwendbarkeit und ihrer Auslegung? Mitnichten. Die Wichtigkeit einer unserer Identitäten wird nämlich gemessen an ihrem Stellenwert für das soziale Miteinanderleben der Menschen. Um diesen Gedanken etwas greifbarer zu machen, gebe ich Ihnen gerne ein Beispiel: Man denke sich einen sehr introvertierten Menschen, welcher zu sich selbst eine sehr leidenschaftliche Beziehung hegt (als äußert krasses Beispiel könnte dies ein Autist sein). Er sieht sich selbst als etwas Besonderes oder Intellektuelles, als etwas Missverstandenes oder Verhasstes, als etwas von Allerwelt Geliebtes oder Gelobtes. Diese Selbstwahrnehmung, diese Identität, die man sich selber gibt, hat bei einer solch introvertierten Haltung des Geistes keinerlei Wichtigkeit für das soziale Miteinander, solange man seine Selbstwahrnehmung nicht auch auslebt und so für *alle* wahrnehmbar macht. Doch auch bei besonders extrovertierten Menschen ist die Selbstwahrnehmung immer verschieden von der Wahrnehmung im sozialen Miteinander, in der Gesellschaft. Demnach entbehrt diese Art der Identität der notwendigen Wichtigkeit, um als besondere und in der Praxis relevante Identität zu gelten.

Wie verhält es sich nun mit der Identität, welche uns *andere* bewusste Wesen durch Wahrnehmung geben? Wenn wir hier von einem Einzelbeispiel ausgehen (von einer einzelnen Person, welche uns vielleicht nur ein einziges Mal in ihrer ganzen Existenz gesehen hat), dann ist die uns von ihnen gegebene Identität nur eine einzige (noch nicht einmal notwendigerweise richtige) Nuance von dem Spektrum an „Arten und Weisen" der Wahrnehmung, welche ein bewusstes Wesen auslösen kann. So kann mir eine Person in ihrem Geiste eine bösartige, gemeine und arrogante Identität geben, da er mich vielleicht nur die zwei Stunden meines Lebens gesehen hat, in denen ich mich übermäßig über ein verlorenes Fußballspiel meines Vereins geärgert habe. Diese Art der Identität ist ebenso irrelevant für das soziale Leben, wie jene, welche wir uns durch Selbstwahrnehmung geben.

Dies gilt jedoch nur für den Einzelfall. Kumulieren wir nämlich alle Identitäten, welche uns durch „Fremdwahrnehmung" zukommen, dann entsteht eine „Gesamtidentität", welche alle von uns jemals ausgelebten Charakterzüge enthält, und welcher so eine überaus hohe Relevanz für unser Leben zukommt. Was ist denn diese kulminierte Identität? Wer nimmt denn *alle* unserer je ausgelebten Charakterzüge wahr? Natürlich und offensichtlich der Übergeist, das Überwesen, in welchem unsere Welt aufgeht. Die (für das soziale Leben) wichtigste Identität ist demnach jene, welche uns durch Wahrnehmung durch den Übergeist zugewiesen wird. Denn nur sie enthält alle unserer ausgelebten und damit persönlichkeitsbildenden Charakterzüge.

Was macht Bob also zu Bob? Die Art und Weise, wie der Übergeist ihn wahrnimmt. Oder – um der leichteren Vorstellung willen – alle Identitäten, welche andere bewusste Wesen Bob zusprechen, kumuliert, das heißt zusammengenommen. Da wir hier eine Kumulation, eine Aufsummierung von wahrgenommenen Charakterzügen haben, können wir die Frage, ob Bob heute ein anderer Mensch ist als früher, wie folgt beantworten: Nein, wenn das Gros seiner vom Übergeist wahrgenommenen Charakterzüge mit denen von früher übereinstimmt. Ja, wenn dies nicht der Fall ist.

Matthias Liszt:

Die Frage nach der menschlichen Identität ist auf der einen Seite eine sehr spannende, auf der anderen Seite jedoch auch eine sehr gefährliche, da sie wie kaum eine andere Frage der Philosophie so nachhaltig von den Religionen vergiftet wurde, dass kaum ein Philosoph hier wirklich objektiv argumentiert - allerdings ohne dies überhaupt zu erahnen.

Hauptsächlich die Religionen nämlich haben die Idee einer „Seele" eines „Ichs", welches hinter unseren Taten steht, in die Köpfe der Menschen eingebrannt, ohne eine stichhaltige und vernünftige Erklärung abzugeben, was dieses ominöse Ego denn sein soll. Da dieser Irrglaube an eine Seele so tief in der menschlichen Weltanschauung verankert ist, jedoch sich kaum einer darüber im Klaren ist, wird häufig munter über das Thema der menschlichen Identität philosophiert, ohne zu wissen, dass die Argumentationsbasis an sich und somit die Gesamtheit der Ausführungen fehlerhaft ist. Man muss sich den Gedanken einer Seele als Zecke vorstellen, welche es mit der Zange der Vernunft herauszuziehen gilt, bevor eine ansteckende Krankheit (namens Religion) unsere philosophisch objektive Existenz zu Grunde richten kann.

Wie hat man sich nun die menschliche Identität vorzustellen? Diese Frage lässt sich gut beantworten, indem man sich überlegt, zu welchen Schlüssen man kommt, wenn man die Existenz einer Seele verneint. Was bleibt nämlich übrig, wenn wir die Seele, das „Ich", das Ego leugnen? Nur unsere Taten! Oder wissenschaftlich präziser ausgedrückt: unsere Wechselwirkung mit anderer Materie. Denn alles das, was der Mensch seine Personalität nennt, basiert letztendlich nur auf eben solchen Wechselwirkungen mit anderen materiellen Gegenständen aus unserer Umgebung: Welche Dinge wir lieben, welche wir hassen, alles, was unseren so genannten „Charakter" ausmacht, ist letztendlich nur die Folge einer oder mehrerer Wechselwirkungen aus unserer Umgebung.

Wieso ist der Mensch nun aber so sehr davon überzeugt, ein Ich über diese Taten stülpen zu müssen, welches eben diese Wechselwirkung - also unsere Taten, unsere Gefühle, unsere persönlichen Präferenzen - vereint? Warum lässt der Mensch nicht zu, dass er nicht um seiner Existenz willen lebt, sondern um seiner Taten willen? Diese Frage lässt sich kaum beantworten, da sie zu weit in die Entstehungsgeschichte des Menschen zurückreicht, jedoch haben die Religionen mit ihrem Seelenwahn nachhaltig dazu beigetragen, diesen Aberglauben zu verfestigen, sodass er sogar noch heute nicht als solcher erkannt, sondern als eine Selbstverständlichkeit vorausgesetzt wird. Es gibt schlicht keinen rationalen Grund, von unseren Taten, Gefühlen und allem, was uns ausmacht, auf ein Ich zu schließen, welches all diese Dinge lenkt. Es gibt kein Ich hinter unseren Taten. Nur unsere Wechselwirkung mit anderer Materie zeichnet uns aus und nur sie existiert. „Ich" existiere nur auf Grund meiner Taten, nicht meiner selbst wegen.

Um diesen Gedanken richtig verstehen zu können, stellen Sie sich doch eine Zeichentrickserie mit den in ihr auftretenden Charakteren vor - lassen Sie uns zur Vereinfachung das konkrete Beispiel der Simpsons nehmen. Homer Simpson existiert nicht a priori um seiner selbst willen, sondern er definiert sich vollkommen durch seine Taten, also durch seine Wechselwirkungen mit anderer Materie. Es gibt nur Homers Biertrinken, sein Margelieben, sein Faulsein; ihn selbst jedoch als von seinen Taten unabhängiges Ego, als „Seele" gar, gibt es nicht, kann es gar nicht geben, denn er ist schließlich nur eine Zeichentrickfigur.

Nehmen wir dieses Beispiel als Metapher für die Realität, wird mein Standpunkt sehr deutlich und einfacher zu verstehen: Es gibt keinen Matthias Liszt. Es gibt nur Matthias' Liszts Essayschreiben, sein Lieben, sein Hassen, sein Begehren. Es gibt nur seine Wechselwirkungen mit seiner Umgebung.

Und mit dieser Erkenntnis ist nun die Frage nach der Identität eines Menschen folgendermaßen zu beantworten: Die menschliche Identität oder Personalität ist nicht etwa eine Eigenschaft oder die Art einer vermeintlichen Seele, da diese bloß ein Hirngespinst ist, sondern die Identität der Menschen ist die Gesamtheit der Wechselwirkung eines Materiekörpers (z.B. ein Mensch) mit seiner Umgebung, id est, die Taten machen den Menschen, den Baum, den Stein.

Was macht Bob also zu Bob? Nur seine Taten, seine Wechselwirkungen mit anderen Materiekörpern.

Bleibt Bob dieselbe Person sein Leben lang? Nein, denn wenn die Art und die Folgen seiner Wechselwirkung mit denselben Materiekörper sich im Laufe der Jahre ändert, ändert sich Bobs Identität, das, was ihn ausmacht. Streng genommen müssten wir also sagen, dass Bob tatsächlich heute jemand anderer ist, da er heute ohne Skrupel Auto fährt, obwohl er gestern noch ein sogenannter „Öko" war.

Hier lässt sich jedoch auch durchaus eine graduelle Abstufung festlegen, sodass man Bob, falls das Gros seiner Wechselwirkungen heute mit denen von gestern übereinstimmt, als dieselbe Person wie gestern betrachten kann, je nachdem, wie man „Person" definiert. Jedoch ändert sich Bobs Identität (ungleich Person) tatsächlich ständig im Laufe der Jahre.

Dass diese Erkenntnis besonders im Rechtswesen radikale grundlegende Veränderungen erfordert*, ist offensichtlich. Dass dies nicht geschieht, ist Arroganz. Doch diese Veränderung durchzuführen ist nicht Sache der Philosophie, sondern die der Politik. Der Philosoph liefert allein die Basis, auf der sich die Politiker zerfleischen können.

* Begehen Sie einen Ladendiebstahl, lassen Sie sich drei Jahre später verhaften und behaupten Sie, eine völlig unschuldige Person würde verhaftet, da den Ladendiebstahl drei Jahre zuvor

eine völlig andere Person anderer Identität begangen hat, und ich versichere Ihnen, Sie landen nicht im Gefängnis. Sondern nur in einer Gummizelle.

Émanuel Pirisme:
Was ist es letztlich, was Bob zu dem macht, der er ist?
Diese Frage zielt auf das Problem der Identität, speziell aus das
personaler Identität. Betrachten wir zunächst die Identität
allgemein. Wann sind etwa zwei Gegenstände identisch? Zum
Beispiel zwei Gläser. Die meisten würden wohl sagen, sobald
Form, Volumen, Material, Position im Raum und Zustand
übereinstimmen, sind beide als identisch zu bezeichnen.
Denken wir uns also zwei Personen, die zwei Gläser auf diese
Eigenschaften hin untersucht haben; mit dem Ergebnis, beide
seien identisch, bis auf ihre immer unterschiedliche Position im
Raum. Sobald dies gegeben ist, dass alle Eigenschaften
übereinstimmen, außer der Position im Raum, sind zwei
Gegenstände *gleich* zu nennen. Identisch bzw. die Selben sind
solche Gegenstände, deren Eigenschaften *alle* gleich sind.
Was würde jedoch geschehen, wenn nun jemand hinzuträte mit
einem den anderen ebenso entsprechenden Trinkgefäß, gesetzt
er hätte aus diesem aber am Abend vorher mit seiner Liebsten
noch Wein geschlürft?
Würde dieser sich dem Urteil der anderen anschließen, dass
nun drei identische (bis auf die Position im Raum), also gleiche
Gläser vorhanden sind? Würde er nicht vielmehr auf die
Besonderheit seines Glases pochen? - Wenn der Liebende nun
mit schmachtendem Blick den anderen die Einzigartigkeit
seines Gefäßes vor Augen geführt hat, würden die anderen
beiden, dann noch von drei gleichen Gläsern sprechen? Sie
haben ja bedauernswerterweise an dem vorabendlichem
Sinnenrausch nicht teilgenommen, sondern nur durch
Schilderung von diesem erfahren. - Oder würden sie nun mit
dem letzten Glas - allein wegen der Erzählung des Verliebten -
die Vorstellung einer gewissen abendlichen Behaglichkeit
verbinden, die bei den anderen beiden Gläsern jedoch
ausbliebe? Somit wäre jedoch auch für die ersten beiden
Personen ein Unterschied zwischen den ersten beiden Gläsern

und dem letzten entstanden. Auch sie könnten also nicht mehr von drei gleichen Gläsern sprechen, sondern würden ab jetzt zwischen solchen, die an gewisse Abendstunden erinnern, und solchen, die dies nicht tun, unterscheiden, zusätzlich zu den vorher schon überprüften Eigenschaften.

Was geschieht? Die ersten beiden Personen haben eine gewisse Vorstellungen von Eigenschaften, die ein Glas ausmachen (siehe oben), nun vergleichen sie zwei Gläser hinsichtlich ebendieser Eigenschaften und kommen zu dem Schluss, dass die beiden Gläser gleich sind. Der dritte bringt nun ein - den ersten Kriterien nach - gleiches Glas hinzu, mit dem er aber eine gewisse Erinnerung verbindet. Für ihn ist sein Glas nicht das gleiche wie die beiden anderen, da er zusätzlich zu den ersten Kriterien ein weiteres anbringt, nämlich: hat aus diesem Glas meine Liebste mit mir Wein getrunken? Obwohl den anderen beiden dieses Kriterium wohl ziemlich gleichgültig sein dürfte, kommen sie nicht umhin ihren Kriterienkatalog zu erweitern, sobald sie von der Geschichte ihres Gefährten erfahren.

Wie wir also gesehen haben, *entscheidet eine Untersuchung maximal vieler und dennoch endlich vieler Merkmale über die Identität zweier Gegenstände.*

Was würde nun geschehen, wenn ein Scherzbold die drei Gläser vertauschte und nun die drei bekannten Personen zwänge, *ihr* Glas wieder an sich zu nehmen? Keiner der drei wüsste nun, ob er das Glas der Wonnen hat oder eines der langweiligen anderen beiden. Selbst der Liebende könnte das nicht entscheiden und wäre wohl sehr betrübt.

Es gibt also Merkmale, die sich der zuverlässigen Verifikation entziehen. Trotzdem jedoch käme keiner der drei auf die Idee zu behaupten, alle Gläser seien nun gleich, da der Unterschied weiterhin real bleibt, auch wenn er nicht zu verifizieren ist. Die Frage, welches der drei Gefäße das Glas der Wonnen ist und welches nicht, ist für die drei Personen nicht entscheidbar, ebenso die Frage welche zwei der drei Gläser gleich sind, da jedes Glas das besondere sein könnte. Will man also zwei Gegenstände vergleichen, tut man dies entlang eines endlichen Kriterienkatalogs, der *immer* ergänzt werden kann und immer *vollständig* benutzt werden muss. Das Ergebnis der Entscheidung ist immer nur so aktuell wie der benutzte Kriterienkatalog, der unbegrenzt lang ist Für den Materialisten sieht das etwas freundlicher aus, da die Anzahl der Atome und ihrer Konfigurationen und somit die Anzahl aller materialistisch-denkbaren Eigenschaften endlich und nicht potenziell unendlich ist. Das hat im wirklichen Leben jedoch keine spürbaren Konsequenzen.

Sobald nicht alle Kriterien untersuchbar sind, ist die Frage der Identität nicht zu entscheiden.

Schreiten wir nun weiter zur personalen Identität. Fragen wir wieder: Was sind die wesentlichen Eigenschaften - diesmal: einer Person? Hier ließe sich wieder ein endlicher, aber nie vollständiger Katalog von zu überprüfenden Eigenschaften aufstellen. Nur haben wir es hier, nicht wie beim Glas, auch mit einer Innenseite zu tun, die potenziell beredt ist. Hätte keiner von den Dreien von einem besonderen Abend mehr gewusst, hätten sie die drei Gläser für gleich erklärt. Der Mensch kann jedoch, im Unterschied zum Glas, dem Beurteilendem seine Geschichte erzählen. Der Urteilende hat also nun eine zeitliche Entwicklung vor sich, die die Entscheidung erschwert. Sämtliche Eigenschaften könnten sich zeitlich bedingt durchaus erheblich ändern. Ist Identität in der Zeit also überhaupt möglich?

Wie war es beim Glas? Wurde es für den Liebenden nach dem Abend ein neues Glas, da er ja nun andere Vorstellungen mit ihm verband, da sich seine Eigenschaften zum Teil verändert haben? Vorher war es ein Glas ohne besondere Assoziationen, hinterher nicht mehr. Ist also das vorabendliche Glas mit dem späteren identisch? Nach unseren bisherigen Überlegungen müssen wir sagen, nein.

Nun haben wir die zeitliche Dimension jedoch wieder ausgeblendet, wir haben nämlich nur zwei Einzelsituationen verglichen, keine Entwicklung verfolgt. Für den Liebenden, der die Entwicklung in der Zeit verfolgt, *verbindet* sich mit dem alten Glas eine neue Assoziation, die es für ihn jedoch nicht zu einem neuen Glas macht, da er um die Entwicklung des Glases weiß und sich an sie erinnern kann. Durch die Erinnerung ist der Verliebte in der Lage, das Glas ohne besondere Bedeutung mit dem einzigartigen Becher der Lust zu verbinden, zu identifizieren.

Wir müssen also unseren Gedanken zur Identitätsproblematik um die zeitliche Dimension erweitern: Auch wenn also nach der oben beschriebenen Untersuchung zwei Dinge nicht identisch sind, kann eine Identität zwischen ihnen bestehen, sobald eine zeitliche Entwicklung zwischen ihnen liegt, die gewusst wird, an die man sich erinnern kann.

Zurück zum Menschen. Was macht Bob zu Bob? Wir können nun sagen, entweder eine vollständige Übereinstimmung aller Eigenschaften, oder eine gewusste Entwicklung von früheren Eigenschaften zu den jetzigen. Konkret heißt das wohl, insofern Bob sich an seine Vergangenheit erinnern kann, ist er dieselbe Person, wie der erinnerte Bob, auch wenn die Eigenschaften beider Momentaufnahmen auseinander klaffen sollten. Indem er weiß und sich daran erinnert, dass er irgendwann Fahrradfahren lernte oder auf einmal Spargel mochte, stellt er die Identität zwischen sich mit seinen jetzigen Eigenschaften und sich mit seinen früheren her. Ob der Beschränktheit unserer Erinnerung und der überwältigenden Fülle des Kriterienkataloges werden wir jedoch nie so befriedigend über die Identität von Personen, wie über die von Gläsern urteilen können.

Dennoch ist der Erweis unserer eigenen zeitlichen Identität evident, da Erinnerungen auch Eindrücke sind, an die wir uns wiederum erinnern können. Dies weiter auszuführen, ist jedoch hier nicht der Ort.

Die zeitliche Identität basiert also auf der Erinnerung.

Was aber ist Erinnerung eigentlich? Wohl die zeitgebundene Aufnahme von Eindrücken. Also werden wir auch in der Frage der Identität letztlich auf unsere Eindrücke und Wahrnehmungen zurückgeworfen.

Ergo: Bob bleibt Bob, solange er weiß, dass er einmal der andere Bob war und inzwischen dieser wurde.

Jonas Rattle:

Die Frage, ob Bob heute noch der ist, der er vor vielen Jahren einmal war, lässt sich schnell erklären.

Um dieser Frage nachzugehen muss vorerst ergründet werden, was Bob zu dem macht, der er ist. Die Person „Bob" zeichnet sich durch eine sehr spezifische Kombination aus Materie und Geist bzw. Ausdehnung und Unausgedehntheit, aus.

Im Laufe der Jahre haben sich beide Elemente verändert, sodass man davon ausgehen könnte, dass Bob heute nicht mehr der ist, der er einst war. Allerdings kann diese Entwicklung/Veränderung nicht nachvollzogen werden, weil sie trügerisch sein könnte. Dadurch, dass man Dinge in z.B. Erinnerungen hinein interpretieren kann, oder vergisst, kann diese Entwicklung irreführend werden, weil dies die einzigen Quellen sein können, die zu einer Dokumentation der Entwicklung beitragen könnten. Des Weiteren sind Gedanken und Erinnerungen sowieso nicht greifbar und schließen somit als Beweismaterial faktisch aus.

Als Außenstehender kann man sich nicht einmal sicher darüber sein, dass Bob überhaupt existent und real ist und nicht eine weitere Täuschung unserer Gedanken.

Das einzig Unanzweifelbare ist die Selbstgewissheit, alle weiteren Sinneswahrnehmungen sind nicht beweisbar und können somit nicht als Erklärung oder Aufklärung herangezogen werden.

Auf unsere gesellschaftliche Runde in der Bar bezogen heißt das:

Einzig und alleine Bob selbst kann wissen, dass er ist, nach dem Leitsatz „Cogito ergo sum" – „Ich denke, also bin ich".

Aufgrund der Tatsache, dass nur Bob sich selbst als existent wahrnehmen kann und daraus folgend alles Andere, wie Sinneserfahrungen und unser logische Gedächtnis nicht explizit beweisbar sind, ist es zwar möglich, dass es sich beim heutigen Bob immer noch um die selbe Person handelt, allerdings ist dies mit Erinnerungen, die Bob zum Beispiel an seine Jugendzeit haben könnte, nicht bewiesen, eben weil diese irreführend sein könnten und deren Wahrhaftigkeit nicht analysierbar ist.

Zusammenfassend heißt das, dass nur Bob sich selbst über seine eigene Existenz im Klaren sein kann, aber die Frage, ob es sich beim heutigen Bob noch um dieselbe Person handelt, wie vor einigen Jahren, sich logischerweise so gar nicht stellen kann, da die Existenz des Bobs von damals aufgrund der vielen Täuschungen die bei beispielsweise Gedächtnisleistungen auftreten könnten, nicht anzuerkennen ist.

Alexej Stanislovic:
Versuchen wir uns einmal eine Welt vorzustellen, in der Bob nicht mehr Bob ist. Dafür eignet sich ein kleines gedankliches Rollenspiel, das wir in einem Gerichtssaal ansiedeln. Bob ist angeklagt; es spricht sein Verteidiger:

„Verehrtes hohes Gericht,
Mein Mandant, ein jahrelanger Umweltaktivist, der auch stets brav und pünktlich seinen Greenpeacebeitrag überwies und einst nur mit verfilztem Baumwollpullover auf seinem Drahtesel anzutreffen war, hat sich vor einiger Zeit ein Auto zugelegt. Darüber hinaus hört er an Stelle von Jimi Hendrix, jetzt nur noch Mozart in seinem Autoradio, hat seiner Frau sogar einen Nerz gekauft.
Nicht nur, dass das Beweismaterial und die Argumentation der Staatsanwaltschaft löchriger ist als ein Schweizer Käse: Mein Mandant ist – wie ich darlegte - ein ganz anderer Mensch geworden, hat seine Einstellungen und Verhaltensweisen grundlegend verändert. Insofern, hohes Gericht, kann er auch gar nicht für den vor dreizehn Jahren begangenen Brandanschlag auf die Krokodilslederfabrik, die für ihr umfangreiches Sortiment an tierischen Handtaschen und Schuhen bekannt war, zur Rechenschaft gezogen werden. Wir plädieren daher auf unschuldig. "

Wir sehen also, dass sich ein enormes Problem der Verantwortung ergibt, wenn wir einräumen, dass ein Mensch durch seine Veränderung ein anderer wird. Dann nämlich müsste jeder Eigentümer einer Krokodilslederfabrik um sein Hab und Gut fürchten. Denn jeder x-beliebige Mensch könnte diese Industrieanlage am helllichten Tag mit Benzin übergießen, ein Streichholz hinterherwerfen und damit – im Gegensatz zu den Krokodilen – ungeschoren davonkommen, sobald er nur seinen Lebensstil ändert, etwa, indem er sich vom Fernsehglotzer zur Leseratte mausert.

Wenn wir uns also mit der Frage, was Bob zu Bob macht, beschäftigen, so müssen wir uns unabdingbar dem widmen, was einen individuellen Menschen kennzeichnet. Lassen wir sentimentale Darstellungen, wie etwa die Fähigkeit zur christlichen Nächstenliebe, außen vor, findet sich die Antwort hierauf leicht: Es ist seine Existenz.

Darüber hinaus entwickelt sich der Mensch stets weiter, muss er doch dauernd wählen und auf diese Weise seine Persönlichkeit konzipieren. Wenn von Weiterentwickeln die Rede ist, muss erwähnt werden, dass hier keine Entwicklung im Sinne einer Steigerung gemeint ist, Entwicklungsstufe zwei also nicht über Entwicklungsstufe eins steht oder umgekehrt. Viel eher bedeutet Entwicklung nichts weiter als das Gegenteil von Stagnation, die bloße Bewegung im Labyrinth der Wahlen, die kein anderes Ziel hat als das Wählen selbst.

Führt man sich diese Definition des Menschen zu Gemüte, so wird schnell deutlich, dass auch Bob sich im Sinne seines Menschseins entwickelt hat. Auch hiermit ist wieder keine Steigerung, also keine Verbesserung seines Lebenswandels gemeint. Bob ist durchaus der gleiche Mensch geblieben, hat er doch seine Existenz die ganze Zeit beibehalten. Lediglich seine Persönlichkeit hat er im Laufe seines Lebens durch immer neue Entscheidungen verändert.

<u>Aufgaben:</u>

1) Stellen Sie heraus, was einen Menschen aus Sicht Jonas Rattles ausmacht.

2) Inwieweit decken sich die in den Essays dargestellten Menschenbilder mit der gängigen Auffassung über den Menschen (z.B. im Justizwesen)?

3) Nehmen Sie begründet Stellung zur Frage, ob jemand, der vor zehn Jahren einen Mord begangen, sich danach aber grundlegend zum Positiven verändert hat, noch schuldig ist.

4) Erläutern Sie die Aussage, die Identität sei uniform und nehmen Sie Stellung.

Allzumenschliches

Georg Wilhelm Friedrich Hegel (1770-1831), der sich von einem Kommilitonen in Tübingen anhören musste „O Hegel, du saufscht dir g´wiß noch dein ganz bißle Verstand vollends ab.", war bekannt für seine Freude am Schnupftabak, Kartenspiel und Alkoholgenuss. Man muss ihm zugestehen, dass er die Zeichen der Zeit verstand und danach zu handeln wusste, so beendete er 1806 am Vorabend der Schlacht bei Jena sein Hauptwerk „Die Phänomenologie des Geistes"; als Soldaten sein Zimmer stürmten, floh er Hals über Kopf mit dem Manuskript vor den Soldaten und - vielleicht noch mehr - vor der Frau des Hauseigentümers, die von ihm ein Kind erwartete. („Kleine Geschichte der Philosophie" Volker Spierling, Piper) Als ein solch patenter Mann musste etwas Großes aus ihm werden und tatsächlich entwickelte sich um seine Person und seine Philosophie ein regelrechter Kult und eine Jüngerschaft (Hegelianismus). Hegel war wohl der deutsche Philosoph schlechthin, er wollte die Wirklichkeit als Ganzes in einem System mit endlos vielen Paragraphen einfangen. Sein Ziel war das Zu-sich-Kommen des Weltgeistes, der sich in den einzelnen Menschen manifestiert. Am pointiertesten gelang die Kritik an Hegels Philosophie, die zu ihrer Zeit *die* deutsche Philosophie war, dem ersten existentialistischen Philosophen **Sören Kierkegaard** (1813-1855). Ausgerechnet ein Däne machte sich lustig über den großen, erhabenen Hegel. Kierkegaard hielt das Vorhaben eines abgeschlossenen Systems der Wirklichkeit für unsinnig, da diese wesentlich *werdend* und nicht *seiend* ist, was es unmöglich macht, sie in einem statischem System zu erfassen. Weiterhin steht im Zentrum seiner Philosophie der Einzelne, nicht das Ganze oder der absolute Weltgeist, denn der Mensch, der ja die Philosophie treibt, existiert als solcher. Bei jeder Gelegenheit stellt Kierkegaard in seinen Werken den komischen Typus des objektiven, Systeme-schreibenden Denkers dar, der von allem abstrahiert, um zum reinen, objektiven Denken, zum Ganzen zu kommen, und dabei vergisst, dass er ein einzelner Mensch ist und kein Paragraph eines Systems oder das Sein an sich, wobei alle Probleme, die er an die Philosophie heranträgt, gerade daher rühren, dass er ein Einzelner ist. „...ein Hegelianer kann [...] sagen: ich weiß nicht, ob ich ein Mensch bin – aber das System habe ich verstanden. Ich will doch lieber sagen: ich weiß, dass ich ein Mensch bin, und ich weiß, dass ich das System nicht verstanden habe." (Sören Kierkegaard, Unwissenschaftliche Nachschrift, S.472)

Ethik

Nachdem man sich also ausgiebig über Bobs Lebenswandel unterhalten und lustig gemacht hatte, bestellten die drei noch eine Runde Getränke und Bob, dem die Blase schon ein bisschen drückte, verschwand auf die Herrentoilette.

„Und wie war dein Tag?", wollte Jessy von Wilbur wissen.

„Ich hab' den Bus verpasst und bin hier, wie du weißt, triefend nass angekommen. Wie soll mein Tag schon gewesen sein?

„Stimmt.", lachte Jessy. „Sind die Sachen denn jetzt schon halbwegs trocken?"

„Na ja, sagen wir's so, langsam fange ich an, Gefallen an durchgeweichten Hosen und nassen Barhockern zu finden.", sagte Wilbur sarkastisch und fühlte dabei über seine Hose. Die Getränke wurden gebracht und Wilbur nahm einen großen Schluck Bier, Jessy nippte leicht an ihrem Gin.

„Was macht eigentlich deine Frau?", fragte sie.

„Keine Ahnung, hab sie schon mehrere Tage nicht gesehen."

„Oh, macht sie Urlaub?"

„Ja, so kann man das auch nennen.", sagte Wilbur „Für einen unbestimmten Zeitraum, bei ihrer neuen Liebschaft, der denn auch noch gleich ihr Vorgesetzter ist."

„Oh, das wusste ich nicht, tut mir leid."

„Schon in Ordnung", sagte Wilbur. Beide saßen etwas unbeholfen da, ihre Blicke auf das jeweilige Getränk gerichtet.

„Und? Hab ich was verpasst?" Bob war soeben vom Gang zur Toilette zurückgekehrt. Keiner der beiden antwortete, stattdessen saßen sie noch immer gesenkten Blickes am Tresen.

„Ihr seid aber gesprächig heute.", ergänzte Bob.

„Ich habe Jessy nur eben erzählt, dass Christine sich dazu entscheiden hat, dass sie und ich ab sofort getrennte Wege gehen."

„Oh, mein Beileid." Jetzt fing auch Bob an, unbeholfen dreinzuschauen. „Aber was ein echter Mann ist", wollte er

Wilbur aufmuntern „der braucht gar keine Frau, so lange er seine Arbeit hat. Wenn du Montag also wieder in die Firma gehst, stürtz' dich einfach auf die Arbeit, mach ein paar dutzend Überstunden, bei mir hat sowas auch immer geholfen." Bei diesen Worten zuckte Wilbur sichtlich zusammen. „Schön wär's", sagte er. „Ich würd's auch glatt machen, wenn ich nicht den Sparmaßnahmen meines Chefs zum Opfer gefallen wäre."

„Soll das heißen, dir wurde gekündigt? Du armer Teufel; bei dir läuft ja wirklich alles schief", sagte Jessy.

„Läuft schief. Läuft schief! ,Läuft schief' ist noch nett formuliert. Es geht alles ganz gewaltig steil den Bach runter! Wollt ihr wissen, was mein Chef zu mir gesagt hat? Ich sei ,entbehrlich', hat er gesagt. Entbehrlich! Genauso gut hätte er nutzlos, überflüssig oder nichts wert sagen können – einerlei. Ich wette meine Frau hätte das alles kopfnickend unterschrieben, egal, welches Wort er benutzt hätte."

„Jetzt beruhige dich doch erst mal", sagte Jessy.

„Beruhigen? Ihr habt gut reden. Mir rennt keiner die Agentur ein und verlangt von mir, irgendetwas für ihn zu machen, ich bin nämlich eine Niete in meinem Job; eine Niete! Jeder Schuljunge könnte besser Maschinen zusammenbauen als ich. Ich kann mir auch kein Auto leisten, nichts von wegen ,eine Sache der Einstellung'. Nicht mal eine Busfahrt kann ich mir leisten, so arm bin ich. Denkt ihr wirklich, ich habe den Bus verpasst? Mein Geldbeutel zwingt mich dazu, wenn ich hier ein paar Bierchen trinken will! Meine Frau hatte den Braten gerochen, die hat den Taugenichts in mir erkannt und sich schnell den nächst besten Romeo mit dicker Geldbörse geangelt. Und wenn jemand Porsche fährt, dann kann der nicht entbehrlich sein, nein, dann ist der was wert. Ich sollte mich glücklich schätzen, dass ich so lange als passable Übergangslösung gehalten habe, bis meine Frau sich endlich den reichen Stecher angeln konnte. Mit dem Porsche! Und ich Volltrottel kann mir nicht mal eine Busfahrkarte leisten! Am

Besten ich höre auf, anderen die kostbare Luft wegzuatmen und beende mein entbehrliches, überflüssiges Leben. Einen Strick sollte man schon irgendwo auftreiben können. Oder besser noch: Ich schmeiß' mich vor seinen Porsche. Gut genug, um wenigstens eine Delle zu hinterlassen, sollte ich schon noch sein."

Als er zu Ende gesprochen hatte, nahm Wilbur einen hastigen Schluck Bier und stützte dann den Kopf in seine Hände. Bob und Jessy hingegen schauten sich nur ahnungslos an und schüttelten leicht achselzuckend die Köpfe.

Problemstellung:
Wie sollten sich Bob und Jessy verhalten?
Oder anders gefragt: Sollten sie Wilbur trösten, Billard spielen gehen oder ihm schon mal den Strick knüpfen?

Ida Rasmussen:

Damit wir unseren Freunden, welche sich augenscheinlich in einer recht misslichen Lage befinden, einen richtigen und helfenden Rat geben zu können, müssen erst einmal die Grundlage unseres Rates, den freien Willen, klären. Wir ich bereits in einem der vorangegangenen Essays darlegte, ist der „Grad" unserer Freiheit in der Welt des Übergeists eben durch diesen bestimmt. Da das Überwesen die Grenzen unserer Welt setzt, ist es durchaus denkbar und möglich, dass es uns auch maßgeblich in unserer Willensfreiheit einschränkt. Wenn uns nun das Überwesen in soweit einschränkt, als dass wir gar keinen freien Willen mehr hätten, als das alles schon durch das Überwesen vorherbestimmt ist, bräuchten wir uns nicht mit der Frage, was wir Bob und Jessy raten sollten, beschäftigen, da es schließlich bereits seit Urzeiten feststünde, wie wir uns entschieden.

Allerdings ist ebenso genau im gleichen Maße möglich, dass unser Wille in der Welt des Übergeists frei ist, nämlich dann, wenn die Dimensionen unserer Entscheidungen nicht die Grenzen der Welt des Übergeists erreichen (das heißt, wenn uns der Übergeist zwar „einschränkt", jedoch diese Einschränkungen irrelevant sind, da sie sich außerhalb unserer Einflusssphären befinden). Es liegt außerhalb der menschlichen Erkenntnisfähigkeit, festzustellen, ob der Mensch einen freien Willen hat oder nicht. Daher ist es ratsam sich stets so zu „verhalten", als *hätte* man einen freien Willen (wenn dies nicht der Fall ist, handelt man schließlich nur pseudofrei, ohne eigenes Zutun; dann kann man sich streng genommen gar nicht absichtlich in irgendeiner Art und Weise „verhalten").

Doch wie müssen wir uns nun unter der Prämisse, frei in unseren Entscheidungen zu sein, angesichts der Misere, in welcher sich unsere Freunde befinden, verhalten? Nun, dafür gibt es einige Antwortansätze, welche alle ihre Wichtigkeit und auch ihre (partielle) Richtigkeit haben. Zum Beispiel kann man in Jessys oder Bobs Position eine egoistisch pragmatische Herangehensweise bevorzugen: Die Entscheidungen dieses „Egoisten" wären dann immer so geartet, dass ihre Folgen für ihn stets den größtmöglichen Nutzen bringen. In diesem Sinne könnte Bob versuchen, Wilbur zu trösten, aber nicht um seines Freundes willen, sondern damit Bob selber nicht das Leid zu ertragen hätte, einen guten Freund verloren zu haben. Dieses Verhalten zu Fragen der Ethik ist durchaus wichtig (da es tatsächlich viele Menschen an den Tag legen), jedoch in keinem Maße richtig, das heißt moralisch vertretbar. Sie basiert auf einer egoistischen, asozialen Einstellung, mit welcher, verhielten sich alle Menschen dementsprechend, ein soziales Miteinander unmöglich wäre.

Dieses Beispiel zeigt, dass einige Herangehensweisen an die Fragen der Ethik durchaus ihre Wichtigkeit haben, jedoch oft der moralischen Richtigkeit entbehren und somit nicht erstrebenswert sind (Natürlich gibt es auch den umgekehrten Fall der richtigen, jedoch nichtigen, da im sozialen Miteinander nicht überlebensfähigen Verhaltensweisen. Ein Beispiel hierfür wäre eine unreflektierte bedingungslose Hilfsbereitschaft - moralisch in großen Teilen vorbildlich. Diese kommt in der Praxis nämlich einem Selbstmord bei, da man sich selbst zu vergessen beginnt.). Was ist nun aber die eine oder die mehreren richtigen und wichtigen und somit erstrebenswerten Verhaltensweisen bezüglich der Fragen der Ethik?

Die oberste Priorität bei allen Entscheidungen (nicht nur bei denen der Ethik) muss stets die Sicherung des Überlebens im Sozialen Miteinander sein, da nur in einer solchen Gesellschaft, in welcher jeder sich in dem Sinne verhält, als dass er die Ordnung (nicht die politische Ordnung, sondern eine Ordnung im Sinne eines Fehlens von chaotisch selbstzerstörerischen gesellschaftlichen Zuständen) der Gesellschaft konserviert und somit sein eigenes und das Überleben aller langfristig sicherstellt, ein Fortbestehen der Menschheit, gar aller bewussten und vernunftbegabten Wesen möglich ist. Doch was sichert nun die überlebenswichtige Vielfalt in unserer Gesellschaft? Wodurch wird unsere Welt beschränkt und so der Vielfalt beraubt? Einzig und allein durch das Überwesen. Unsere Welt geht im Übergeist auf und ist so auf der einen Seite von diesem bestimmt, auf der anderen Seite jedoch auch formgebender Teil von ihm. Wir können demnach die Vielfalt und Sicherheit unserer Welt sichern, indem wir die Vielfalt und Sicherheit des Übergeists zu sichern versuchen.

Ist es uns denn überhaupt möglich diese Vielfalt anzutasten? Liegt nicht der Übergeist völlig außerhalb unseres Einflussbereichs?

Nicht ganz. Auch hier ist es wieder ratsam, sich den Traum als Hilfe zur einfacheren Verständnis des zu behandelnden Problems vorzustellen. Was „sichert" unsere Träume? Worin besteht ihre Vielfalt? Nun, offensichtlich in den in dem Traum auftretenden Figuren und deren Handlungen. Verschwänden nach und nach die Figuren aus unseren Träumen, verlören unsere Träume immer mehr an Vielfalt, bis sie schließlich – nachdem die letzte Figur verschwunden wäre – aufhörten zu existieren. Übertragen wir diesen Gedanken nun auf die Welt des Übergeists, eröffnet sich uns die Erkenntnis, dass alle unsere Entscheidungen das Ziel haben müssen, dieser Welt des Übergeistes alle „Figuren" möglichst lange zu erhalten. Der Verlust oder auch nur die Einschränkung eines einzigen Geistes (eines einzigen bewussten Wesens) in der Welt des Überwesens kommt einem Verlust in der Vielfalt dieser Welt gleich. Unsere Entscheidungen dürfen demnach in keinem Falle auf die Schädigung oder gar die Auslöschung eines Geistes hinauslaufen, damit auf lange Sicht die Vielfalt und somit die Lebenswürdigkeit in der Welt des Überwesens bestehen bleibt.

Bob und Jessy müssen also alles daran setzen, den Selbstmord ihres Freundes Wilbur zu verhindern und ein Wiederkehren von Wilburs Wunsch nach Freitod möglichst unmöglich zu machen. In diesem Sinne wäre es angebracht, Wilbur zuerst einmal so gut es geht zu trösten und von den schrecklichen Gedanken abzulenken, um ihn dann nachhaltig wieder aufzubauen und ihm ein stabiles mentales Heim zu geben, in welchem Freitodgedanken ausgemerzt sind. Dies kann ein langer steiniger Weg für die drei Freunde werden, doch er ist notwendig, richtig und wichtig für die gesamte Welt des Übergeists und somit für die gesamte menschliche Existenz.

Matthias Liszt:

So merkwürdig dies auch für den gemeinen Leser klingen mag: Für mich ist die gestellte Frage, wie sich Bob und Jessy angesichts Wilburs Wunsch auf Freitod verhalten sollten, völlig unwichtig, da sie tatsächlich nichts weiter als eine Scheinfrage darstellt. Die eigentliche Frage ist hier wieder die nach der Entscheidungsfreiheit des Menschen, welche wir nach stichhaltiger Argumentation schließlich negierten. Wenn uns nun also bewusst ist, dass Jessy und Bob eigentlich gar keine Wahl haben, dass ihre Entscheidung schon determiniert ist, müssen wir uns konsequenterweise die Frage nach dem Sinn der Ethik, gar der Welt und des Seins an sich stellen. Oder vielleicht auch nicht?

Damit Sie mir besser folgen können und Ihnen die Tragweite dieses Sachverhalts - dass alles auf der Welt vorherbestimmt ist - deutlich wird, werde ich nun den Gedanken des Determinismus zu Ende denken und so (korrekterweise) auf die Spitze treiben.

Alles auf der Welt besteht aus Materie und ist somit den Gesetzen der Natur, insbesondere denen der Physik, unterworfen. Physikalische Gesetze sind in mathematischen Formeln niedergeschrieben, welche uns, sobald wir die ein Ereignis ausmachenden Parameter einsetzen, den Ausgang eines jeden beliebigen Vorgangs (z.B. Zusammenstoß zweier Billardkugeln) vorausberechnen lassen.

Für die Praxis gilt somit analog: Kennen wir die Umstände für ein bestimmtes Ereignis (Winkel des Aufpralls der Billardkugeln, Stoßwucht, usw.), kennen wir das Ereignis und dessen Ausgang selbst (id est, wir wissen, wie sich die Kugeln verhalten werden). Man muss hierbei bedenken, dass die Umstände das Ereignis machen und nicht umgekehrt. Das Ereignis an sich kann die Umstände nicht a priori (also bevor das Ereignis überhaupt eingetreten ist) beeinflussen, das bedeutet, das Ereignis tritt bei den gegebenen Umständen zwangsweise ein, ohne dass das Ereignis eine "Wahl" hätte.

Was aber sind nun die Umstände (wie zum Beispiel die Stoßwucht)? Die Umstände sind offensichtlich auch Ereignisse, welche selbst wieder aus anderen für sie unbeeinflussbaren Umständen hervorgehen (für die Stoßwucht zum Beispiel ist die Kraft des Spielers verantwortlich). Folglich sind die Begriffe Umstand und Ereignis relativ und sind jeweils für verschiedene Ebenen anders anzuwenden, die einander über - oder untergeordnet sind. Die Ebene, in welcher das Ereignis "Stoßwucht" liegt ist der Ebene, in der das Ereignis "Aufprall der Kugeln" liegt, untergeordnet. Ergo können Ereignisse in einer höheren Ebene zu Umständen werden und in einer noch höheren zu Umständen von Umständen und so weiter. Die Umstände der Umstände haben wiederum auch für sie unbeeinflussbare Umstände, sind auch vorherbestimmt.

Denkt man diesen Gedanken zu Ende gelangt man zu der untersten Komplexebene, welche nach dem neuesten ,Stand der Physik der Urknall ist oder vielleicht auch dessen (noch unbekannte) Umstände.

Falls die Seifenblase, welche Sie Ihre Weltanschauung nennen, immer noch nicht geplatzt ist, mache ich es gerne etwas deutlicher: Da alle Ereignisse notwendigerweise aus ihren Umständen hervorgehen, welche wiederum selbst Ereignisse sind, und da die Ereignisse keinen Einfluss auf ihre Umstände, folglich keine "freie Wahl" haben, können wir so alle Ereignisse auf ein Urereignis (vielleicht den Urknall) zurückführen, welches obskurerweise keine Umstände hat, jedoch selbst einer ist. Dieses Urereignis ist also Urumstand für alle folgenden Ereignisse. Es ergibt sich eine Kette von notwendigen Ereignissen, welche wiederum als Umstände andere Ereignisse diese notwendigerweise hervorrufen. Somit kann man getrost sagen, dass alles, was geschieht, notwendigerweise geschieht und somit determiniert ist.

Um wieder zu unserem Beispiel zu kommen: Wilburs Wunsch nach Selbstmord ist seit dem Urereignis (Urknall?) vorherbestimmt, und somit auch die Reaktion seiner Freunde. Auch wenn diese denken, sie steckten in der misslichen Lage, sich angemessen entscheiden zu müssen (übrigens ist dieses Verhalten auch notwendigerweise eingetreten), steht ihre Entscheidung schon seit dem Urereignis fest, wie alles seit dem Urereignis determiniert ist (auch, dass ich gerade dieses Essay schreibe).

Ist einem dies erst einmal (notwendigerweise) klar geworden, verkommt die gesamte Ethik, auf welche dieses Problem anspielt, zu einem lächerlichen, unwichtigen Etwas, welchem wir als Menschen eine viel zu hohe Bedeutung zu messen. Leider auch notwendigerweise. Da alles schon seit dem Urereignis feststeht, steht niemand in irgendeiner Verantwortung für irgendetwas, niemand hat an irgendetwas schuld, jeder sogenannte Verbrecher müsse freigelassen werden, da er gar keine Wahl gehabt hatte.

Klingt anarchisch, ich weiß. Ist es auch. Jedoch ist es ebenso anarchisch wie wahr und Sie sollten sich langsam Gedanken machen, was diese Erkenntnis für Sie bedeutet.

Für Bob und Jessy bedeutet es lediglich die Armseligkeit ihres erbärmlichen Tuns. Aber man kann ihnen keine Vorwürfe machen. Sie sind notwendig erbärmlich.

Émanuel Pirisme:
Wie sollen die beiden Freunde sich verhalten? Wie können sie dem Verzweifelten helfen? Kann man den beiden einen *vernünftigen* Rat geben, eine philosophische Hilfestellung leisten?

Sicherlich kann man theoretische Überlegungen anstellen, wie dem Verzweifelten am besten geholfen werden kann. Zunächst ist wichtig festzustellen, woran es Wilbur gebricht, wo sein Problem liegt.

Die erste Formulierung seiner Misere würde wohl lauten: er leidet daran, dass er keine Frau und keinen Job mehr hat. Aber erklärt das seinen Zustand? Wohl nicht, denn nichts steht ihm im Weg wieder einen Job und eine Frau zu suchen; als er auf die Welt kam und auch wenn er sie wieder verlassen wird, sah es ebenso aus bzw. wird es ebenso aussehen. Und warum gerade Frau und Job? Weshalb ist er nicht schon früher zusammengebrochen, etwa weil er keinen Porsche fährt und auch keine Yacht besitzt. Wenn ihn nur der Verlust schmerzen würde, wäre ihm leicht geholfen, indem man ihn ablenken würde und die Zeit den Schmerz nach und nach betäuben würde, das würde ein vernünftiger Mensch jedoch auch schon verstanden haben und bis dahin sich nicht umbringen, da er sich somit jede Chance auf Frau und Job nehmen würde und ihm somit am wenigsten geholfen wäre. Nein, anscheinend ist der Seelenschmerz unter dem er leidet nicht begrenzter und somit vergänglicher Natur, sondern eigenartig chronisch. Er weiß, er wird ihn empfinden, solange er lebt, da das Leben, das bloße Dasein ihn schmerzt; allein deswegen spielt er *vernünftigerweise* mit dem Gedanken sich umzubringen; und voraussetzen, dass er ein vernunftbegabtes Wesen ist, müssen wir wohl, denn ansonsten wäre ein vernünftiger Ratschlag an ihn sowieso grund- und aussichtslos. Warum leidet aber ein Vernunftwesen an seiner bloßen Existenz und nicht etwa an einem einzelnen Moment innerhalb dieser? Im ersten Essay sagten wir, vernünftig ist ein Handeln dann, wenn es einen Grund, ein Ziel, einen Sinn hat. Qua Vernunftwesen leidet Wilbur also an der Sinnlosigkeit seiner Existenz.(Dass der Mensch vernünftig ist, ist durchaus etwas, was dieser Text voraussetzt. Wer diese Voraussetzung nicht mitvollziehen will, der kann auch nicht erwarten, dass ich einen vernünftigen Text schreibe.) Wilbur ist mitten in einer Sinnkrise, wie man sie etwa aus Daily-Soaps kennt. Bisher hat er seinen Lebenszweck in Karriere und Beziehung gesehen, hat sich durch beides gleichsam definiert. Alle Handlungen, alle Projekte, alles was er tat, hat er in Bezug auf diese beiden Sinnsäulen hin getan. Lebenszweck bedeutet ja, dass jemand sein ganzes Leben einsetzt und daraufhin ausrichtet, dass es diesen Größen (Karriere + Beziehung) dient. Man kann auch sagen Wilbur verhält sich absolut zu Karriere und Beziehung und relativ zu allen anderen Dingen mit denen er es zu tun hat. Er lenkt sein ganzes Leben relativ zu den absoluten Größen(Karriere + Beziehung) in seinem Leben.

Nun gibt es einen wenig ruhmreichen, weil wenig vernünftigen, Zweig der Philosophie, der dem armen Wilbur raten würde, sich einen neuen Sinn zu wählen, der ihn weiter durchs Leben trägt, eine neue Größe zu suchen, um sich fortan zu dieser absolut zu verhalten. Wenn das eine reale Möglichkeit wäre, weshalb grübelt Wilbur, wohlgemerkt ein vernünftiger Mensch, dann darüber nach, ob er seinem Leben ein Ende setzen soll, und nicht darüber, welchen Sinn er sich ab jetzt geben sollte? Als vernünftigem Menschen ist Wilbur klar, dass der Mensch sich nicht selbst einen Sinn geben kann; dass ein solcher Versuch ebenso lächerlich wäre, wie die Tat des Münchhausen. Man müsste sich gleichsam an den eigenen Haaren aus dem Sumpf der Sinnlosigkeit herausziehen und auf den sicheren und festen Boden des sinnvollen Lebens absetzen. Weshalb ist diese intellektuelle Selbstbefriedigung derart an den Haaren herbeigezogen? Betrachtet man beliebig viele alltägliche, uns sinnvoll erscheinende Handlungen, haben alle gemein, dass sie einem *höheren* Zweck dienen (selbst die deutsche Sprache weiß dies und sagt: einem Zweck *dienen*). Deswegen wäre eine Aussage wie: „ich esse um zu leben" für uns sinnvoll, während die Umkehrung recht lächerlich daherkommt: „ich lebe um zu essen" (essen bezeichnet hier übrigens nur die reine Nahrungsaufnahme, nicht eine differenzierte, kulinarisch-ästhetische Betätigung). Die reine Gewährleistung des Fortbestehens (eben das Essen) vermag nicht dem Existieren selber einen Sinn zu geben, da sie nichts höheres ist. Was ist nun *höher*? Die Erfahrung lehrt uns, je geistiger eine Tätigkeit, desto höher ist sie einzuschätzen (siehe voriges und jedes beliebige Beispiel); das liegt letztlich an unserer Voraussetzung, dass der Mensch ein vernünftiges Wesen ist und Vernunft eine geistige Sache. Wilbur braucht immer noch einen Sinn für sein Dasein, für seine Existenz als solche. Was ist nun *höher* als Wilburs Existenz? Was ist geistiger als die Existenz einer menschlichen Person, geistiger als die Existenz eines kontingenten Geistwesens? Allein: die Existenz eines absoluten Geistwesens, die Existenz Gottes. Menschliches Leben kann nur sinnvoll sein, falls es etwas gibt, was höher als es ist, falls es etwas gibt, dem es dienen kann wie das Mittel einem Zweck dient. Nun ist all unser Wissen und unsere Vernunft auf Endliches beschränkt, uns begegnen nur kontingente Phänomene, das Absolute ist nicht Element unseres Erfahrungshorizontes, und kann es auch nicht sein, da wir selber ja nur kontingente Phänomene sind. Deshalb kann unsere Vernunft, unsere Philosophie nichts über die Existenz Gottes aussagen, weder Positives noch Negatives, da Gott qua Absolutum nicht ohne weiteres Gegenstand unserer Erfahrung sein kann. Die Philosophie kann somit auch nicht entscheiden, ob das Leben einen Sinn hat oder nicht. Die reine Vernunft, Gott-sei-Dank ist der Mensch etwas anders, stößt hier an ihre letzte Grenze.

Aber warum war Wilbur dann nicht schon vorher verzweifelt? Tja, genaugenommen war er schon vorher verzweifelt, wollte es jedoch nicht wahrhaben. Der Zusammenbruch ist das Anzeichen dafür, dass er von seinem besseren Wissen (als vernünftiges Wesen besitzt er es ja prinzipiell) eingeholt wird. Der große Philosoph, Theologe und nicht zuletzt Psychologe Sören Kierkegaard bezeichnete Verzweiflung als den Zustand, in dem ein Mensch sich zu etwas Relativen (Karriere + Beziehung) absolut (Götzendienst) und zum Absoluten (Gott) relativ verhält. Dem Wesen des Menschen und der Dinge entspricht es aber, sich zum Absoluten (Gott) absolut zu verhalten bzw. wenn man Gott als nicht tragbar ansieht: sich zu *nichts* absolut (d.h. sinnempfangend) zu verhalten, und zum Relativen (d.h. zur Welt bzw. zu allem) relativ.

Den beiden beteiligten Freunden sind also zwei Ratschläge zu geben. *Erstens* ist Wilbur, entgegen seinem unmündigen Verharren in der sich selbst vorgegaukelten Unwissenheit, den oben durchschrittenen Pfad zu führen, dessen durchaus schmerzliches Ziel, dass der Sinn unseres Daseins von der Existenz Gottes abhängt, er schon kennt und ahnt, sonst wäre er nicht verzweifelt, das er jedoch zu ertragen und anzunehmen lernen muss; ihm neue relative Dinge vorzuschlagen zu denen er sich fortan absolut verhalten könnte (Angeln etwa) würde ihm nicht helfen, sondern lediglich ablenken, und wäre darüber hinaus intellektuell unredlich. Er muss zu denken wagen, dass die Frage nach dem Sinn seines Lebens ihm nicht von der rein menschlichen Vernunft, von der Philosophie, beantwortet werden kann. Die einzige Möglichkeit, dass das Absolute in unseren Erfahrungshorizont eintreten könnte und dass somit die Sinnfrage tangiert würde, wäre gegeben, wenn dem Absoluten an Offenbarung seines Wesens und seiner Existenz gelegen wäre. Die göttliche Offenbarung ist jedoch, da das Absolute als Relatives auftreten müsste, um in unserem Erfahrungshorizont vorkommen zu können, ein absolutes

Paradoxon (S. Kierkegaard) und für die reine Vernunft nicht zu erkennen.

Die Freunde sollten ihn also *zweitens* - um eine Konfusion der Existenzsphären (Philosophie/Theologie; Wissen/Glauben) zu vermeiden und ihm die einzige Möglichkeit sich mit der Sinnfrage vernünftig *und* positiv auseinanderzusetzen – an die Theologie verweisen. *Was soll ich tun?* Die Frage der Ethik könnte ich mit einem hammergleichen Imperativ beantworten, der in jeder Lebenslage gut in der Hand liegen und mich darüber hinaus in Philosophie-Lehrbüchern verewigen würde, der aber letztlich nicht mehr bringen würde als der Rat: *sei vernünftig*!

Jonas Rattle:

Es stellt sich die Frage, ob die Freunde von Wilbur dessen Selbstmordgedanken unterstützen sollten, ob sie ihn davon abhalten oder ob sie weiter gar nicht auf das Thema eingehen sollten.

Um auf die Frage eine Antwort zu geben, müssen wir die Motivation des Menschen im Allgemeinen betrachten.

Sein oberstes Ziel besteht in der Selbsterhaltung, das heißt der Mensch tut alles, was ihm am vernünftigsten erscheint, um für seine eigene Existenz den größten Nutzen zu erlangen, denn dieser gewährleistet am Ehesten den Erhalt der eigenen Existenz.

Aus Wilburs Sicht heißt das, dass dieser sein höchstes Ziel verloren hat. Demnach könnte ein moralisch angehauchter Mensch meinen, dass eine Unterstützung der Selbstmordgedanken eventuell sogar anzustreben sei, um Wilbur weitere Qualen und niederschmetternde Erkenntnisse zu ersparen. Allerdings bezieht sich die vorliegende Frage nicht auf Wilbur selbst, sondern auf seine Freunde und ihre Reaktion.

Für diese gestaltet sich die Wahl etwas anders. Ihr höchstes Ziel (Selbsterhaltung) treibt sie dazu den größten Nutzen für sich, sie legen dabei eine Art Egoismus an den Tag, herauszufinden und danach Entscheidungen zu treffen.

In unserem speziellen Beispiel haben Wilburs Freunde rein theoretisch mehrere Handlungsmöglichkeiten. Sie könnten ihn beim Selbstmordgedanken unterstützen, ihn davon abhalten oder sie könnten auch gar nicht weiter auf das Thema eingehen, es genaugenommen ignorieren.

Ihre Entscheidung ist hierbei jedoch nicht frei, wie man vielleicht annehmen mag, sondern sie ist zum Einen von Gott gelenkt, da dieser den Ursprung aller Wirklichkeit ist darstellt und alles Notwendige auf seinen Willen zurückzuführen ist.

Zum Anderen ist sie gerade aus dem vorigen Grund nach dem

größten Nutzen ausgerichtet, der wiederum den Trieb zu Selbsterhaltung befriedigt.

Betrachten wir uns den Nutzen der drei Handlungsalternativen: Zuallererst könnten sie Wilburs Absichten ignorieren, womit sie sich zwar keinen Nutzen erarbeiten, allerdings schadet es ihnen ebenfalls nicht, sie würden vielleicht sogar nicht mehr mit den Problemen ihres Freundes behelligt werden.

Als zweites könnten sie ihren Freund bei seinen Suizidgedanken unterstützen, allerdings würden sie sich mit dieser Alternative ins eigene Fleisch schneiden, da sie rechtlich Folgen fürchten müssten, die wiederum dem Wunsch nach Selbsterhaltung und der Suche nach dem größtmöglichen Nutzen zuwider laufen würden.

Demnach scheint die dritte Handlungsalternative, bei der es um das aktive Aufbauen und Abhalten vom Selbstmord geht, die geeignetste zu sein. Diese Alternative bringt den größten Nutzen mit sich, denn es folgen zum Einen keine rechtlichen Schritte, zum Anderen können später eventuell selbst Leistungen zurückgefordert werden. Gewissermaßen erhofft man sich selbst Vorteile davon wenn man jemandem hilft, da man gewissermaßen ein Recht auf Gegenleistungen von seinem Gegenüber hat.

Wilburs Freunden ist es nicht möglich aus Moral oder Mitgefühl zu handeln, da diese Werte nicht greifbar und somit quasi nicht existent sind.

Des Weiteren ist eine Moralhandlung in dem Sinne nicht logisch, denn warum sollten die Freunde jemandem helfen, um dessen Existenz sie sich nicht sicher sein können.

Demnach findet eine Handlung nur aus egoistischen Gründen statt, diese Handlung ist im Grunde vorbestimmt durch den Nutzen zur Selbsterhaltung, der sich daraus ergibt.

Alexej Stanislovic:
Dies ist ein wahrhaft ernst zu nehmendes philosophisches Problem. Wenn nicht sogar das einzig ernste philosophische Problem überhaupt, beinhaltet es doch die Frage, ob sich das Leben lohnt oder nicht. Alles andere, ob die Welt aus einundzwanzig oder zweiundzwanzig Dimensionen besteht, ob das Huhn vor dem Ei war oder umgekehrt, oder ob sich Billardkugeln tatsächlich nicht in Blumen und Pottwale verwandeln können, all das sind Kinkerlitzchen, Spielereien des Geistes, die sich nicht aus Dringlichkeit und Nutzen, sondern aus der Langeweile der Denker ergeben. Und falls es nicht die Langeweile ist, so ist es der Entdeckungs- und Profilierungswahn mancher Menschen, der sie dazu treibt, sich über die abstrusesten Ideen am Rande der menschlichen Vorstellungskraft Gedanken zu machen, anstatt sich den essentiellen Fragen des Lebens zu widmen.

Die Frage nach dem Selbstmord, die sich unverkennbar hinter Wilburs seelischem Zustand verbirgt, ist eine solche. Nicht nur, dass sich fast jeder Mensch, sofern er nicht allzu früh stirbt, diese Frage stellt und für sich selbst beantwortet und jeder Philosoph, der ernst genommen werden will, diese Frage ausführlich erörtern sollte; ihre Dringlichkeit bestätigt sich auch und hauptsächlich in den Handlungen, die sie mit sich bringt.

Während es den Großteil der Menschheit wenig betrifft und beeinflusst, auf welche Dimensionenanzahl sich die Astrokernphysikerphilosophen einigen, oder ob sie wöchentlich eine neue auf ihrem Rechenschieber nachweisen, ist es für jeden Menschen wohl von Bedeutung, wenn er sich dafür entscheidet, dass sich das Leben lohnt oder nicht. Im letzten Fall nämlich entschließt er sich (meistens zumindest) zum Freitod.

Hat sich unser Freund Wilbur also dafür entschieden, dass sich das Leben nicht lohnt? Da müssten wir ihn schon selber fragen.

Es wäre falsch, von einer philosophischen Überlegung auf persönliche Motivation zu schließen. Trotzdem sollten wir versuchen, des Pudels Kern zu umkreisen.

Es hilft uns weiter, wenn wir uns vor Augen führen, weswegen Wilbur bereit ist, sein Leben aufzugeben: seine Frau hat ihn verlassen und sein Job wurde ihm gekündigt. Folglich waren es doch diese beiden Dinge, sein Beruf und seine Gattin, die ihm das Leben lebenswert erscheinen ließen, in denen er wohlmöglich einen Sinn sah. Im Großen und Ganzen ist dies symptomatisch für Selbstmörder. Viele von ihnen waren vom Sinn des Lebens überzeugt, dachten ihn in religiöser Überzeugung oder – wie Wilbur – in Zweisamkeit und Karriere gefunden zu haben. Manche wählen den Freitod, weil ihnen eben dieser Lebensgrund abhanden gekommen ist; andere wiederum töten sich für Ideen oder Illusionen, die sie zu Lebzeiten ihren Lebensinhalt nannten (Lebensgründe sind auch exzellente Sterbensgründe).

Sie alle unterscheiden sich von einer dritten Gruppe von Menschen, die sich entschließen, ihre Existenz zu beenden, weil sie die Absurdität des Lebens erkannt haben, den Zwiespalt zwischen dem sinnstrebenden Menschen und der sinnfreien Welt, das Lächerliche an der Situation, dass sie nicht aus tieferen Gründen heraus verheiratet sind oder zur Arbeit gehen, sondern all dies aus unbefriedigenden Gründen, vor allem aber aus Gewohnheit tun.

Doch führt der Umstand, dass man die Absurdität erkennt, nicht zwangsläufig zur Resignation. Wer sie erkennt, sollte sie akzeptieren und sich dann gegen sie auflehnen, gegen sie revoltieren. Wenn von Revolte die Rede ist, so ist damit gemeint, sich jeder Hoffnung, jedes Sehnens zu entleeren und der Zukunft gegenüber eine gleichgültigere Haltung einzunehmen. Ergänzt man die Revolte um Werte, die sich auf den Menschen selbst richten (etwa Solidarität, Freundschaft und Liebe), lässt sich der Wert dieses Lebens voll ausschöpfen.

Widmen wir uns wieder Wilbur.

Wilbur ist nicht dazu gekommen, die Absurdität des Lebens zu begreifen. Er hatte sich an Götzen gekrallt, die sich dann von ihm abwandten.

Wollten Bob und Jessy wahrhaft moralisch handeln, müssen wir davon ausgehen, dass sich beide der Absurdität bewusst sind und sie sich beide in der Revolte befinden; denn nur dann erschließt sich ihnen das richtige Verhaltensspektrum. Mit einfachem Trösten ist es hier nicht getan; ganz zu schweigen von Ignoranz und Sterbehilfe. Ebensowenig ist Wilbur geholfen, wenn seine Freunde ihn zu Ersatzgötzen verhelfen – etwa in der Form, dass sich Jessy eine Zeitung schnappt und mit Wilbur die Stellenangebote durchgeht, während Bob alle in Frage kommenden Kontaktanzeigen rot umkreist. Dies führte nur dazu, dass man in spätestens zehn Jahren wieder an der Bar säße, Gin bestellen und Wilbur den Verlust seines Stellenanzeigenjobs und seiner Kontaktanzeigenfreundin beklagte.

Wertvolle Hilfe sieht anders aus. Bob und Jessy sollten ihren Kameraden über die Absurdität aufklären, ihn darauf aufmerksam machen und zur Revolte verhelfen. Natürlich gelingt dies nicht im Laufe des Abends. An diesem sollten sie ihn vorerst nur beschwichtigen und ihn rhetorisch emotional entschärfen.

Entscheidend ist die langfristige Hilfe, die sich über Wochen, Monate, vielleicht sogar Jahre erstreckt und die dutzende Kneipenabende, Billardpartien und die dazugehörigen Gläser Gin umfasst, sodass Wilburs Herz, der Ursprung jedes selbstmörderischen Gedankens, zur Einsicht gelangt und er von sich selbst aus ein bewusst sinnfreies Leben führt, dieses aber in vollen Zügen genießt.

<u>Aufgaben</u>

1) Recherchieren Sie, wie sich bekannte Philosophen zum Suizidproblem äußern.
2) Vergleichen Sie die Position Jonas Rattles mit der von Alexej Stanislovic bezüglich ihrer Auffassung der richtigen Entscheidung.
3) Wenden Sie Kants Kategorischen Imperativ auf das Problem an.
4) Wie hätten Sie sich an Bobs und Jessys Stelle verhalten? Begründen Sie.

5) Betrachten Sie nun das Buch als Ganzes. Erörtern Sie, welche
philosophische Strömung und welche Argumentationsweise Ihnen am meisten bzw. am wenigsten zusagt.

Allzumenschliches

Der bedeutende Philosoph **Immanuel Kant** (1724 – 1804), der aus ärmlichen Verhältnissen stammt und seine Heimat nie verließ, blieb sein Leben lang Junggeselle. Diese Tatsache beruht vermutlich auf seiner Vernunft: Sinn und Zweck einer Eheschließung war damit seiner Ansicht nach das Finden einer Hausfrau, jedoch konnte sich gerade sein Diener als solch eine beweisen, sodass Kant scheinbar bis zu seinem Tod im Alter von 80 Jahren keine Ehe mehr schließen wollte oder konnte. Seine Auffassungen in Bezug auf die Stellung der Frau lassen sich auf seine Jugend zurückführen, in der er ein unvergessliches und positives Verhältnis zu seiner Mutter pflegte. Seine Schwestern wurden aber – wie es in dieser Zeit typisch war für armselige Familien - nicht so sehr berücksichtigt wie der junge Student.

Nicht selten wird behauptet, Kant habe es gern mit der Pünktlichkeit übertrieben. Besonders der streng geregelte Tagesablauf gewann für ihn ab der Mitte seines Lebens mehr und mehr an Bedeutung, sodass er großen Wert auf Selbstdisziplin legte. Diese lässt sich beispielsweise daran erkennen, dass er täglich seinen Spaziergang machte sowie sich pünktlich und auf die Minute genau schlafen legte. Für eine detaillierte Beschäftigung von neuen Ideen sowie für deren Umsetzung fand er aufgrund seiner Selbstdisziplin nie wirklich Zeit. Trotz einer ruhigen und bescheidenen Lebenshaltung verfolgte er ein recht abwechslungsreiches Dasein. Kant war nicht nur penibel, es war ihm auch äußerst wichtig, klare Gedanken fassen zu können, was eine stille Umgebung voraussetzte. Auf belästigende und seinerseits Verwirrung stiftende Geräusche wie die eines krähenden Hahns reagierte er empfindlich: Für ihn war es dann Grund genug den Speiseplan des darauf folgenden Tages möglicherweise auf Geflügel zu ändern und sich beim Nachbarn zu beschweren.

Geflügelte Worte

„Alles was lediglich wahrscheinlich ist, ist wahrscheinlich falsch."
(Descartes)

„Cogito ergo sum. – Ich denke, also bin ich."
(Descartes)

„Die Ärzte glauben, ihrem Patienten sehr viel genützt zu haben, wenn sie seiner Krankheit einen Namen geben."
(Immanuel Kant)

„Es gibt nichts Praktischeres als eine gute Theorie."
(Immanuel Kant)

„Das Schicksal mischt die Karten, und wir spielen."
(Arthur Schopenhauer)

„In unserem monogamischen Weltteile heißt heiraten, seine Rechte halbieren und seine Pflichten zu verdoppeln."
(Arthur Schopenhauer)

„Gewissen Menschen gegenüber kann man seine Intelligenz nur auf eine Art beweisen, nämlich, indem man nicht mehr mit ihnen redet."
(Arthur Schopenhauer)

„Für das praktische Leben ist das Genie so brauchbar wie ein Sternteleskop im Theater."
(Arthur Schopenhauer)

„Jeder dumme Junge kann einen Käfer zertreten. Aber alle Professoren der Welt können keinen herstellen."
(Arthur Schopenhauer)

„Seitdem ich die Menschen kenne, liebe ich die Tiere."
(Arthur Schopenhauer)

„Das niedrig gewachsene, schmalschultrige, breithüftige und kurzbeinige Geschlecht das schöne zu nennen, dies konnte nur der vom Geschlechtstrieb umnebelte männliche Intellekt fertigbringen."
(Arthur Schopenhauer)

„Lerne zuzuhören und du wirst auch von denjenigen Nutzen ziehen, die dummes Zeug reden."
(Platon)

„Geh du hin und prügle ihn; ich bin zu zornig."
(Platon)

„Es gibt kein großes Genie ohne einen Schuß Verrücktheit."
(Aristoteles)

„Es soll Gerechtigkeit herrschen. Auch um den Preis, dass die Welt untergeht."
(Aristoteles)

„Das Weib ist Weib durch das Fehlen gewisser Eigenschaften. Wir müssen das Wesen der Frau als etwas betrachten, was an einer natürlichen Unvollkommenheit leidet."
(Aristoteles)

„Mütter lieben ihre Kinder mehr, als Väter es tun, weil sie sicher sein können, dass es ihre sind."
(Aristoteles)

„Ich mag verdammen, was du sagst, aber ich werde mein Leben dafür einsetzen, dass du es sagen darfst."
(Voltaire)

„Vermutlich hat Gott die Frau erschaffen, um den Mann kleinzukriegen."
(Voltaire)

„Mir sind alle Bücher zu lang."
(Voltaire)

„Falls die Philosophie auch daran dächte, dass es einem Menschen einfallen könnte, nach ihrer Lehre handeln zu wollen, so würde daraus eine sonderbare Komödie entstehen."
(Sören Kierkegaard)

„Von hundert Männern, die sich in der Welt verirren, werden neunundneunzig durch Frauen gerettet, einer wird gerettet durch unmittelbare göttliche Gnade."
(Sören Kierkegaard)

„Eine Frau ist zuerst durch sich selbst betrogen, bevor sie einen anderen betrügt."
(Sören Kierkegaard)

„Ach, was tut der Deutsche nicht für Geld – und was tut der Däne nicht nachher, wenn der Deutsche es getan hat!"
(Sören Kierkegaard)

„Aber lasst uns nie vergessen, dass nicht jeder, der nicht den Verstand verloren hat, damit unbestreitbar beweist, dass er ihn hat."
(Sören Kierkegaard)

„Die Menschen scheinen die Sprache nicht bekommen zu haben, um die Gedanken zu verbergen; sondern um zu verbergen, dass sie keine Gedanken haben."
(Sören Kierkegaard)

„Weh, weh, weh über die Tagespresse! Käme Christus jetzt zur Welt: So wahr ich lebe, er zielte nicht auf Hohepriester usw. – sondern auf die Journalisten."
(Sören Kierkegaard)

„Ich würde nur an einen Gott glauben, der zu tanzen verstünde."
(Friedrich Wilhelm Nietzsche)

„Was mich nicht umbringt, macht mich stärker."
(Friedrich Wilhelm Nietzsche)

„Selten denkt das Frauenzimmer. Denkt es aber, taugt es nichts!"
(Friedrich Wilhelm Nietzsche)

„Was aus Liebe getan wird, geschieht immer jenseits von Gut und Böse."
(Friedrich Wilhelm Nietzsche)

„Frau: eine Falle der Natur."
(Friedrich Wilhelm Nietzsche)

„Ein verheirateter Philosoph gehört in die Komödie."
(Friedrich Wilhelm Nietzsche)

„Ich will den Menschen nehmen, wie er ist, nicht wie er sein
soll."
(Spinoza)

„Trau keinem über Dreißig."
(Karl Marx)

„Das Publikum hat ein Recht darauf, nicht angeschmiert zu
werden, auch wenn es darauf besteht, angeschmiert zu
werden."
(Adorno)

Nachwort

Schließlich stellt sich die Frage, ob die in diesem Buch dargestellten Auffassungen überhaupt moralisch vertretbar sind. An dieser Stelle darf jedoch nicht verschwiegen werden, dass die vorangegangenen Essays weder unsere Meinungen und Ansichten, noch die der bekannten Philosophen widerspiegeln, sondern die Grundströmungen in ihren diversen Weltanschauungen auf die Problematik beziehen.

Auch die Fragestellungen, die eine formale und inhaltliche Auseinandersetzung mit den Aufsätzen erfordern, sind nicht notwendigerweise zu bearbeiten, können sich aber im Fachunterricht als hilfreich erweisen.

Wir hoffen mit diesem Werk zum Erhalt bzw. zum Neuaufleben der Philosophie beigetragen zu haben.

Literaturverweise

An dieser Stelle folgen nun sowohl Bücher, die uns bei unserer Arbeit geholfen haben, als auch solche, die wir Ihnen gerne ans Herz legen möchten. Wir wünschen viel Vergnügen beim Lesen.

„Philosophie - Von der Antike bis zur Gegenwart"
von Matthias Vogt

„GEO Themenlexikon Band 14: Philosophie Ideen, Denker, Visionen A-Z"

„Kleine Geschichte der Philosophie"
von Volker Spierling

„Entweder – Oder"
von Sören Kierkegaard

„Philosophische Brosamen"
von Sören Kierkegaard

„Unwissenschaftliche Nachschrift"
von Sören Kierkegaard

„Der Begriff Angst"
von Sören Kierkegaard

„Krankheit zum Tode"
von Sören Kierkegaard

„Der Mythos von Sisyphos"
von Albert Camus

„Der Mensch in der Revolte"
von Albert Camus

„Das Sein und das Nichts"
von Jean-Paul Sartre

„Bewusstsein und Selbsterkenntnis"
von Jean-Paul Sartre

„Eine Untersuchung über den menschlichen Verstand"
von David Hume

„Also sprach Zarathustra"
von Friedrich Nietzsche

„Menschliches, Allzumenschliches"
von Friedrich Nietzsche